KB073496

경영전략으로서의 영업

**KEIEISENRYAKU TOSITENO SYOKAIEIGYO**
by SEKIIwao & LEE KYUNG WOOK
Copyright ©2015 SEKIIwao & LEE KYUNG WOOK
All rights reserved.
Originally published in Japan by ASA PUBLISHING CO., LTD., Tokyo.
Korean translation rights arranged with ASA PUBLISHING CO., LTD., Japan

회사를 살리는 소개·입소문 전략

# 경영전략으로서의 영업

세끼 이와오, 이경욱 공저 | 조사연 옮김 | 카츠키 요시츠구, 김수현, 소명섭 감수

21세기북스

## 기업의 경영 과제

일본능률협회가 실시한 「기업 경영의 당면 과제에 관한 조사」에 의하면 상장·비상장을 포함한 일본 기업 대부분이 안고 있는 경영 문제 1위는 '매출·시장 확대'(55%)였다. 그리고 그 뒤를 '수익성 향상'(48%)이 이었다.

또 "현재 도입 중이거나 향후 도입 예정인 중요 전략은 무엇인가?"라는 질문에는 '판매·마케팅 기능'(60%)이 조직·인사 영역 및 개발 영역을 누르고 1위를 차지했다.

위 조사 결과가 말해주듯이 기업의 경영자들은 매출과 시장을 확대시켜 수익성을 향상시키기 위해 고민하고 있으며 이에 대한 해결책으로 판매·마케팅 전략을 강화시킬 방법을 모색하고 있다. 이는 아마도 기업 경영이 계속되는 한 영원히 끝나지 않는 과제일 것이다.

판매·마케팅 전략을 강화하기 위한 테마 중 하나가 CRM이다.

CRM은 'Customer Relationship Management'의 약자로 고객관계 관리를 의미하는데, '어떻게 하면 고객과의 관계를 잘 유지시켜 다음 이익을 창출할 수 있을까'가 주안점이다. 하지만 많은 기업이 '투철한 고객 제일주의 정신만 있으면 비즈니스는 저절로 성장하기 마련'이라는 식으로 막연히 생각하는 경향이 있다.

일본에서는 흔히 '고객은 신'이라고 한다. 하지만 이 발상이 유지되기 위해서는 언제나 최고 수준의 품질과 서비스가 제공되어야 한다. 하지만 그 결과 과잉 품질 또는 과잉 서비스라는 평가를 받거나 상품가격 상승, 직원들의 장시간 노동 등의 부작용이 생기기도 한다.

'양질의 상품과 서비스만 제공하면 어떻게든 되겠지'라는 생각은 시간이 지나면서 '진심 없는 봉사'가 되어버렸고 어느새 '매출·시장확대', '수익성 향상'과는 점점 거리가 멀어지고 말았다.

품질 향상 자체가 잘못이라는 말이 아니다. 어느 정도 품질 향상을 이뤘다면 이제는 꾸준히 기존 고객의 재구매가 이어질 수 있도록 체계적인 시스템을 갖추어야 할 단계로 올라서야 한다는 뜻이다.

앞으로 기업은 '고객과의 지속적인 관계 유지'에 대해 고민하는 시간만큼 'CS(고객 만족)를 통해 어떻게 수익을 올릴 것인가'에 대해서도 진지하게 고민해야 한다. 품질을 높여 CS와 고객 충성도가 올라갔다면 올라간 만큼은 반드시 회수하는 것, 이것이 바로 CRM의 본질인 것이다.

## 고객 생애 가치에서 고객 소개 가치로의 전환

'CS를 어떻게 수익으로 전환시킬 것인가'를 고민할 때 떠오르는 것 중 하나가 고객 생애 가치Customer Lifetime Value이다. 고객 생애 가치는 A라는 고객의 만족도를 높임으로써 고객 A가 평생 동안 기업에 제공할 것으로 기대되는 이익의 합계를 따진다는 점에서 CRM의 중요 지표 중 하나이다.

하지만 이 책에서 다루는 주제는 '소개·입소문' 전략이다. 따라서 중요한 것은 고객 생애 가치가 아니라 '고객의 소개·입소문의 가치'를 나타내는 고객 소개 가치CRV: Customer Recommendation & Referral Value이다.

고객 소개 가치란 고객 A의 만족도를 높였을 때 A 자신으로부터 수익을 창출해내는 것은 물론이고, 소개·입소문을 통해 지인인 B나 C까지도 고객으로 확보함으로써 매출 증가를 꾀하는 개념이다. 이것이 실현되기 위해서는 CRM의 방향이 고객 생애 가치에서 고객 소개 가치로 발전해야 한다. 즉, 기존 고객의 개인적 가치에서 그치지 않고 그 가치가 소개를 통해 커뮤니티로까지 이어져 가치 재생산이 이루어지도록 전략을 세우는 것이 중요하다.

오늘날의 시장에 대해 살펴보자. CRM의 목적은 고객 생애 가치와 고객 소개 가치를 극대화시키는 것인데, 이미 성숙 시장에 접어든 시장에서는 고객 생애 가치만으로 이익을 올리기 어려운 시점에 와 있다. 따라서 고객 생애 가치뿐만 아니라 고객 소개 가치를 극대화시키기 위해 노력해야 함을 강조하고 싶다.

경제가 지속적인 성장 추세에 있는 사회라면 고객 생애 가치는 분명 기업 성장에 매우 유효하다. 예를 들어 회사 A와 소비자 X가 거래를 시작했다고 가정하자. X가 경제적으로 부유해지면 X로 인한 A사의 기대 수익 총액도 올라간다. A사가 많은 상품을 제공하면 할수록 이익도 계속 늘어나는 것이다.

이러한 경향은 B2B 비즈니스에서 더 잘 나타난다. 예를 들어 시스템 개발을 하는 A사가 X라는 기업으로부터 매년 1억원 씩 시스템 발주를 받는다고 가정해보자. 경제가 성장하면서 기업도 동반 성장하여 X사의 자산 규모가 3배로 늘면 A사에 발주하는 금액도 약 3배가 된다. 과거에는 이런 경우를 쉽게 찾아 볼 수 있었다. 하지만 이것도다 옛말이다. 관계만 잘 유지하면 거래처 규모가 커지면서 자연스럽게 수주 금액이 증가하는 시대는 이미 끝난 것이다.

## 소개·입소문 활동을 위한 '4S'

우리는 소개·입소문 프로젝트를 진행하면서 소개·입소문 강화를 성공으로 이끄는 공통적인 요소가 있음을 발견했다. 이 책에서는 이 공통점을 '4S'라고 부르는데, '4S'란 고객 세분화Segmentation, 고객 만족Satisfacion, 영업Sales, 시스템System의 영어 첫 글자를 딴 것이다.

일본 기업은 4S의 S 중 '고객 만족' 부분이 특히 탄탄하다. 하지만 새로운 고객 소개로 이어지게 하는 '영업'은 약하다. 일부 직원만 실천하고 있어서 회사 '시스템'으로 정착되지 못한 실정이다. 4S의 모든 S를 일정 수준 이상으로 끌어올리면 소개·입소문 전략은 대체적으로 원활히 돌아간다.

사실 4S를 모두 제대로 갖춘 기업도 없고, 하나도 갖추지 않은 기업도 없다. 거의 대부분 4가지 중 뭔가가 부족한 현실이다. 많은 기업이 4S가 중요함을 알고 있으면서도 소개·입소문 강화를 위해 무엇을 할지 기본적인 문제의식이 부족하다. 그래서 '고객에게 충성하면 소개·입소문이 늘어나겠지'라고 막연히 생각할 뿐이다. 하지만 이런 방법은 수없이 해오던 것이고 사실 아무런 변화도 기대할 수 없다.

고도로 성숙한 일본과 한국의 산업 구조상 CS를 높이고자 고객에게 무조건적인 충성을 다하는 것은 현명한 방법이 아니다.

요즘처럼 시장 환경이 요동치는 상황에서 서비스와 상품의 질을 높이기 위해서는 어쩔 수 없이 어딘가에서 비용을 삭감해야 한다. 서비스의 질을 높이려면 고객 대응의 시간과 품질을 높여야 하고 이 역시 시간을 소비하는 일이다. 또 상품의 품질 향상은 상품 원가나 연구개발비 상승을 초래해 회사 입장에서는 비용 상승의 원인이 된다.

마땅한 전략도 없으면서 "좀 더 시간을 투자하자", "좀 더 좋은 상품을 만들자"는 구호만 넘쳐나고 있다. 구호뿐인 고객 만족, 머릿속에만 존재하는 소개·입소문은 어떤 성과도 거둘 수 없다.

소개·입소문 전략이 성공하기 위해서는 전체를 하나로 연결하는 전략이 필요하다. 자사의 상황을 정확히 파악한 뒤 이러한 방법을 단계적으로 강화시키는 것, 이것이 이 책을 통해 구현되길 바라는 시스템의 핵심이다.

## 소개·입소문을 통한 고객 창출

'비즈니스=고객 창출'이라는 관점에서 볼 때 소개·입소문 전략은 현시점에서 고객 창출을 이룰 수 있는 매우 유효한 수단이다. 또 많은 일본과 한국 기업들이 높은 CS를 갖추고 있기에 시장이 축소되고 있는 상황 속에서도 CS로 이룬 고객 신뢰라는 자산을 바탕으로 매출을 높일 수 있다.

이 책은 소개 전략을 체계적으로 정리하여 실제 업무에 활용할 수 있게 했다. 참고가 될 만한 기업 사례들을 데이터와 함께 소개하였다.

조직 전체가 이 책이 역설한 소개·입소문 전략을 도입하고 실천해 나간다면 매출 상승과 수익성 강화라는 두 마리 토끼를 모두 잡을 수 있으리라 확신한다.

어느 기업보다도 먼저, 아니 지금 당장 소개·입소문 전략을 본격적으로 도입해보기를 진심으로 바란다.

세끼 이와오, 이경욱

● 차례 ●

# 7장

## 시스템화와 PDCA

# 소개·입소문 전략의 시대

- 경영 전략 트렌드의 변화
- 기존 미디어의 쇠퇴
- 정보의 신뢰성 관점에서 본
  소개·입소문의 가치

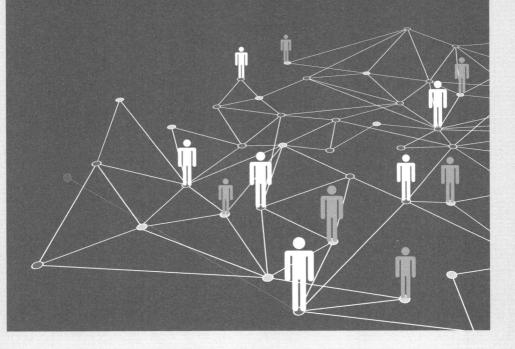

customer referrals
+
recommendations

# 경영 전략 트렌드의 변화

미국 경제 전문지 〈포춘〉은 2012년 4월 16일, 세계에서 가장 영향력 있는 기업가로 다음 12명을 선정했다.

스티브 잡스(Apple), 빌 게이츠(Microsoft), 프레드릭 스미스(FedEx), 제프 베조스(Amazon), 래리 페이지 & 세르게이 브린(Google), 하워드 슐츠(Starbucks), 마크 저커버그(Facebook), 존 매키(Whole Foods Market), 허브 켈레허(Southwest Airlines), 나라야나 무르티(Infosys), 샘 월턴(Wal-Mart), 무하마드 유누스(Grameen Bank)

위 기업가 대부분은 벤처기업으로 출발했지만 혁신적 전략으로 정상에 오른 각 분야의 강자들이다. 그중에서도 아마존의 제프 베조스와 스타벅스의 하워드 슐츠가 경영 전략에 대해 말한 내용은 특히 흥미롭다.

아마존은 전자상거래의 선구자적 존재이다. 베조스는 인터넷 이용률이 폭발적으로 증가하는 당시 상황에 주목했고(당시는 매년 2,300%씩 증가했다!) 발 빠르게 창업해 큰 성공을 거머쥐었다. 장차 도래할 사회의 흐름을 남보다 앞서 읽어낸 결과 큰 성공을 이룬 베조스는 이렇게 말했다.

> 힘의 균형이 기업에서 소비자에게로 옮겨 가고 있다. 이러한 현실에 올바르게 대응하기 위해서는 에너지, 집중력, 자본의 대부분을 우수한 제품과 서비스를 창조하는 데 써야 한다. 광고나 마케팅이 아니다. 이전 세계에서는 시간의 30%를 서비스 질을 높이는 데 사용하고 70%를 광고에 사용했다. 하지만 새로운 세계에서 이것은 역전될 것이다.
>
> 특히 브랜드의 가치는, 회사가 무엇을 말하는가가 아니라 무엇을 하는가에 의해 형성될 것이다.

> "The balance of power is shifting toward consumers and away

from companies···the individual is empowered··· The right way to respond to this if you are a company is to put the vast majority of your energy, attention and dollars into building a great product or service and put a smaller amount into shouting about it, marketing it. If I build a great product or service, my customers will tell each other···. In the old world, you devoted 30% of your time to building a great service and 70% of your time to shouting about it. In the new world, that inverts." "Your brand is formed primarily, not by what your company says about itself, but what the company does."

−Tren Griffin, "A Dozen Things I have Learned from Jeff Bezos"(25iq.com)


베조스가 아마존을 설립한 때는 1995년이다. 따라서 지나간 세계는 그 이전, 새롭게 도래할 세계는 바로 '지금'이다. 이 인터뷰는 베조스의 측근이자 현재 마이크로소프트에서 근무하는 트렌 그리핀Tren Griffin이 한 것인데 그리핀은 베조스의 말을 다음과 같이 해석하고 있다.

진정 뛰어난 비즈니스는 광고에 의존하지 않고 본질적인 힘으로 고객을 끌어들인다. 뛰어난 제품과 입소문이 세일즈의 원동력이다. 반대로 막대한 광고비를 쏟아부어 상품을 팔아야 하는 기업은 인터넷 시대에 경쟁력을 갖기 어렵다.

광고에 대한 이러한 생각은 스타벅스의 하워드 슐츠도 비슷했던 것 같다. 실제로 슐츠가 '스타벅스'라는 상표를 취득한 1987년부터 10년 동안 스타벅스의 광고비는 1,000만 달러에도 미치지 못했다. 물론 당시 자금난에 허덕였다는 이유가 있었지만, 그렇다 하더라도 눈에 띄게 적은 액수다. 슐츠는 자신의 저서를 통해 이렇게 말하고 있다.

스타벅스의 성공은 전국적으로 브랜드를 확립시키기 위해 광고비에 몇백만 달러나 쓸 필요가 없음을 증명해준다.

베조스와 슐츠가 이렇게 말할 수 있었던 이유는 자기 회사의 상품과 서비스 품질에 자신이 있어서이다. 하지만 세계적 성공을 일궈낸 유명 글로벌 기업의 CEO가 약속이나 한 듯 "성공한 비즈니스에 광고는 필요 없다. 본질적인 힘으로 고객을 사로잡아야 한다. 그 원동력은 제품과 입소문이다"라고 단호히 말한 점에 주목해야 한다.

그렇다면 실제 시장 상황은 어떨까? 데이터를 통해 함께 살펴보자.

경영 전략으로서의 영업

# 기존 미디어의
## 쇠퇴

●● 　　지금까지는 상품을 알릴 때 4대 미디어(텔레비전, 라디오, 신문, 잡지)에 광고를 싣는 것이 가장 효과적이었다. 고객이 보고 듣고 읽을 횟수가 많기 때문이다. 하지만 오늘날 기존 미디어의 현실은 어떨까? 데이터를 통해 각 미디어별 접촉 시간이 어떻게 변했는지 살펴보자(DATA 1-1, 1-2).

2010년과 2015년을 비교하면 텔레비전 시청 시간이 감소했음이 한눈에 보인다. '거의 보지 않는다'의 비율이 20대에서 50대에 이르기까지 크게 증가했는데, 20대만 놓고 봐도 2010년 8%가 5년 사이 16%로 늘어 6명 중 1명은 텔레비전을 보지 않고 있음을 알 수 있다.

또한 20대에서는 시청 시간이 30분~2시간 이하인 단시간 시청이 증가해 이를 포함하면 20대의 67%가 텔레비전을 '별로 보지 않는다'는 분석이다. 2010년에는 2명 중 1명꼴인 48%가 '별로 보지 않는다'에 속했지만, 지금은 3명 중 2명꼴로 증가한 것이다.

또 그래프 상에서 눈길을 사로잡는 부분이 신문(일반지) 정기구독률의 하락이다.

## ● DATA 1-1 하루 TV 시청 시간(연령별) ●

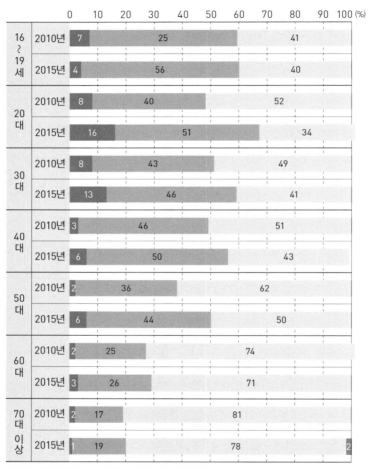

| | | 거의, 전혀 보지 않는다. | 30분~2시간. | 2시간 이상 |
|---|---|---|---|---|
| 16 ~ 19 세 | 2010년 | 7 | 25 | 41 |
| | 2015년 | 4 | 56 | 40 |
| 20 대 | 2010년 | 8 | 40 | 52 |
| | 2015년 | 16 | 51 | 34 |
| 30 대 | 2010년 | 8 | 43 | 49 |
| | 2015년 | 13 | 46 | 41 |
| 40 대 | 2010년 | 3 | 46 | 51 |
| | 2015년 | 6 | 50 | 43 |
| 50 대 | 2010년 | 2 | 36 | 62 |
| | 2015년 | 6 | 44 | 50 |
| 60 대 | 2010년 | 2 | 25 | 74 |
| | 2015년 | 3 | 26 | 71 |
| 70 대 이상 | 2010년 | 2 | 17 | 81 |
| | 2015년 | 1 | 19 | 78 |

■ 거의, 전혀 보지 않는다. ■ 30분~2시간. ▢ 2시간 이상
\* NHK방송문화연구소·여론조사부 「일본인과 텔레비전 2015」 조사 결과를 참고로 작성

▶ 텔레비전 시청 시간은 1985년 이후 처음으로 짧아졌는데, 특히 20~50대의 '거의, 전혀 보지 않는다' 및 30분~2시간 이내의 단시간 시청이 증가했다.

경영 전략으로서의 **영업**

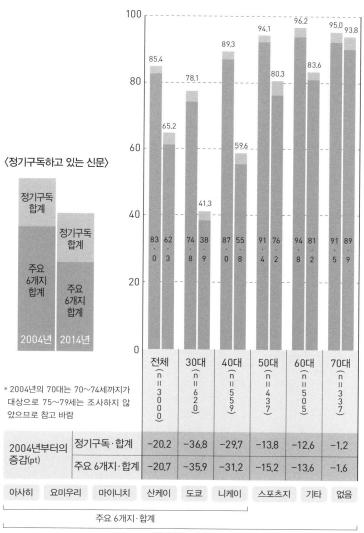

## ● DATA 1-2 신문 정기구독률 변화 ●

〈정기구독하고 있는 신문〉

| | 정기구독·합계 | 주요 6개지·합계 |
|---|---|---|
| 정기구독 합계 | | |
| 주요 6개지 합계 | | |
| 2004년 | 2014년 | |

* 2004년의 70대는 70~74세까지가 대상으로 75~79세는 조사하지 않았으므로 참고 바람

| | | 전체 (n=3000) | 30대 (n=620) | 40대 (n=559) | 50대 (n=437) | 60대 (n=505) | 70대 (n=337) |
|---|---|---|---|---|---|---|---|
| 2004년부터의 증감(pt) | 정기구독·합계 | -20.2 | -36.8 | -29.7 | -13.8 | -12.6 | -1.2 |
| | 주요 6개지·합계 | -20.7 | -35.9 | -31.2 | -15.2 | -13.6 | -1.6 |

아사히   요미우리   마이니치   산케이   도쿄   니케이   스포츠지   기타   없음

주요 6개지·합계

정기구독·합계

\* 출처: ㈜리서치 앤드 디벨로프먼트

이러한 경향은 연령에 따라 더욱 현저히 나타난다.

10~20대에서는 남녀 모두 휴대전화와 스마트폰이 텔레비전 시청 시간을 압도하고 있다. 30대는 텔레비전 시청 시간이 길지만 스마트폰과 컴퓨터 이용을 합한 시간에는 미치지 못한다. 40대는 텔레비전과 '컴퓨터+태블릿PC+스마트폰' 수치가 거의 비슷하다. 한편 60대는 젊은 세대만큼 새로운 미디어를 능숙히 사용하면서도 텔레비전 시청 시간 역시 여전히 길다. 미디어 왕 텔레비전의 명맥은 이들에 의해 유지되고 있다고 해도 과언이 아니다.

비즈니스 세계에서 4대 미디어만큼 중요한 위치를 차지하는 것이 바로 전통적으로 이용되는 전단지(종이 매체) 광고이다. 신문에 끼워 넣는 전단지는 한정된 지역에 거주하는 고객에게 직접 다량으로 배포할 수 있는 장점 때문에 과거에는 상당히 효과적인 광고 수단 중 하나였다. 하지만 신문 구독률 저하와 함께 그 효과가 현저히 줄었다.

이처럼 매체에 광고를 내는 것이 정말 효과적인 일인지에 대한 검증과 판단이 점점 어려워지고 있다.

이번에는 정보량에 대해 살펴보자. 일본 총무성에서 2001년부터 2009년까지 유통된 정보량에 대해 조사·집계한 자료(DATA 1-3)에 의하면 전체 유통 정보량은 약 2배로 증가했다. 단, 이 집계에는 스마트폰이 포함되어 있지 않다. 따라서 최신 데이터로 집계하면 유통 정

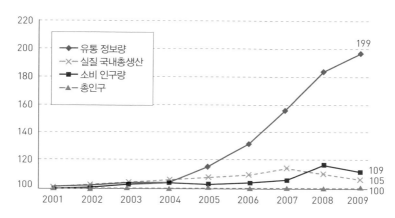

● DATA 1-3  유통 정보량의 추이(2001년=100) ●

199
109
105
100

* 출처: 총무성 정보통신정책 연구소, 「일본 정보유통시장의 실태와 정보 유통량 계량에 관한 조사연구
결과」(2011년 8월)

보량이 비약적으로 증가했을 것이라는 짐작이 가능하다.

　다음으로 미디어별 데이터량 추이(DATA 1-4)를 살펴보면, 가장 눈
에 띄는 것이 인터넷 데이터량의 증가이다. 2001년 유통 정보량을
100이라고 가정하면, 2009년에는 약 70배까지 증가했다. 소비 정보
량도 2009년은 2001년의 약 2.4배였다. 참고로 전화는 약 60%까지
감소했다.

　이러한 수치는 몇 년 사이에 유통 정보량이 폭발적으로 증가했으

## ● DATA 1-4  미디어그룹별 정보량 추이(2001년=100) ●

### 정보 유통량

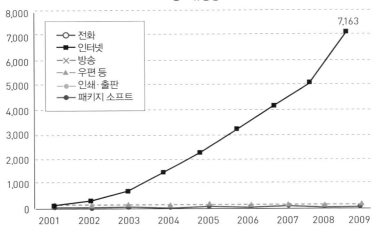

범례:
- 전화
- 인터넷
- 방송
- 우편 등
- 인쇄·출판
- 패키지 소프트

7,163

8,000 / 7,000 / 6,000 / 5,000 / 4,000 / 3,000 / 2,000 / 1,000 / 0

2001 2002 2003 2004 2005 2006 2007 2008 2009

### 소비 정보량

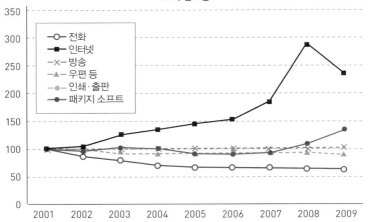

범례:
- 전화
- 인터넷
- 방송
- 우편 등
- 인쇄·출판
- 패키지 소프트

350 / 300 / 250 / 200 / 150 / 100 / 50 / 0

2001 2002 2003 2004 2005 2006 2007 2008 2009

\* 출처: 총무성 정보통신정책 연구소, 「일본 정보유통시장의 실태와 정보 유통량 계량에 관한 조사연구 결과」(2011년 8월)

경영 전략으로서의 영업

며 그 대부분이 기존 미디어가 아닌 인터넷이 중심이 된 정보라는 사실을 알려준다.

이처럼 정보가 넘쳐나고는 있지만 개인이 소비하는 정보량에는 크게 변함이 없다. 모든 것을 흡수하기에는 뇌의 처리 능력에 한계가 있기 때문이다. 정보량이 2배가 되어도 처리량은 변하지 않는다. 즉, 받아들이는 정보가 2배로 많아져도 자동으로 두뇌 속의 필터filter로 걸러져 실제 남는 정보량은 1/2밖에 되지 않는다는 말이다. 따라서 정보량이 3배가 되면 1/3, 4배가 되면 1/4, 70배가 되면 1/70이 된다. 결국 정보량이 늘어날수록 머릿속에 남는 정보 비율은 점점 낮아진다.

예를 들어 거리를 걷다 우연히 뉴스를 보았다고 하자. 그런데 걸어가고 있는 사이에 새로 오픈한 가게를 봤고 주식 동향 보드에 시선이 갔으며 또 마침 걸려온 전화를 끊고서 스마트폰으로 뉴스를 체크했다. 그러는 사이에 조금 전에 자신이 봤던 뉴스의 내용이 뭐였는지는 기억에서 사라진다. 누구나 한 번쯤은 이런 상황을 경험해보았을 것이다. 이처럼 우리 두뇌는 들어오는 정보량을 모두 처리하지 못한다.

반면 인터넷의 경우, 정보 소비량이 3배 정도 증가했다. 이전에는 한 페이지 한 페이지 천천히 살펴보았다면, 요즘은 플래시 카드를 넘기듯 페이지를 획획 넘기는 사람이 늘었기 때문이다. 특히 젊은 세대는 태어날 때부터 휴대폰이나 게임기를 곁에 두고 자란 세대이므로 화면을 보고 순간적으로 판단하는 능력이 뛰어나다. SNS 라인<sub>LINE</sub>을 할 때도 화면을 봄과 동시에 바로 판단해서 답한다. 하지만 문장 독해 능력은 저하되고 있어서 문자를 제대로 읽지 못하는 사람도 늘고 있다.

비즈니스 세계에서도 똑같은 현상이 벌어지고 있다. 정보량만 놓고 본다면, 한 회사 또는 한 명의 경영자나 책임자에게 들어오는 정보량은 비약적으로 증가했다. 매일 수신하는 이메일 양도 수년 전과는 비교도 할 수 없을 정도로 많다. 기업의 최고경영자라면 책을 읽거나 사람을 만나는 등 자기 나름대로의 정보 수집 활동도 하고 있을 터이니 개인이나 거래처 모두 정보의 홍수 속에서 살고 있다고 해도 과언이 아니다.

## 정보의 신뢰성 관점에서 본 소개·입소문의 가치

사람들은 대부분 정보 전달에서 중요한 것은 정보의 양이 아니라는 사실을 이미 알고 있다. 정보 가치의 우선순위는 이제 양에서 질로 바뀌었다. 이러한 변화 속에서도 정보 신뢰도 면에서 부동의 자리를 유지하고 있는 것이 바로 '소개·입소문'이다.

DATA 1-5의 정보 유입 경로별 신뢰도를 보면 4대 미디어라 불리던 텔레비전, 라디오, 신문, 잡지에서 얻는 정보보다 '지인의 소개'와 같은 현실감 있는 '소개·추천' 정보가 최상위를 차지하고 있다.

그렇다고 기존 미디어가 전혀 활용되지 못하는 것은 아니다. 다만

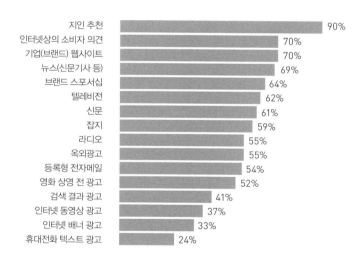

● DATA 1-5 광고매체·정보 소스별 신뢰도(2009년 4월) ●

| | |
|---|---|
| 지인 추천 | 90% |
| 인터넷상의 소비자 의견 | 70% |
| 기업(브랜드) 웹사이트 | 70% |
| 뉴스(신문기사 등) | 69% |
| 브랜드 스포서십 | 64% |
| 텔레비전 | 62% |
| 신문 | 61% |
| 잡지 | 59% |
| 라디오 | 55% |
| 옥외광고 | 55% |
| 등록형 전자메일 | 54% |
| 영화 상영 전 광고 | 52% |
| 검색 결과 광고 | 41% |
| 인터넷 동영상 광고 | 37% |
| 인터넷 배너 광고 | 33% |
| 휴대전화 텍스트 광고 | 24% |

\* 출처: Nielsen Global Online Consumer Survey, 2009년 4월
신뢰도=예를 들면 '지인 추천'의 경우 '완전히 신뢰한다', '어느 정도 신뢰한다'고 답한 회답자가
전체의 90%였음을 의미한다

미디어의 '역할'이 변화했다. 예를 들어 비만으로 고민하던 사람이 홈쇼핑에서 다이어트 건강식품 광고를 봤다고 하자. 그런데 광고를 봐도 당장 사야겠다는 생각이 좀처럼 들지 않는다. 광고 내용을 모두 신뢰할 수 없기 때문이다. 그러던 중 같은 상품을 신문에서 보고 잡지를 비롯한 다른 매체에서도 발견했다. 그러면서 점점 신뢰가 생겨 '사볼까?' 하는 생각이 들었고 결국 매장에 들어섰다. 여러 과정과 고민을 거듭한 끝에 드디어 미디어의 영향력이 발현되는 순간이다.

그런데 건강식품 광고를 텔레비전에서 본 지 얼마 되지 않아 지인에게서 같은 제품을 직접 소개받거나 제품에 대해 호평하는 것을 들었다면 어땠을까? 곧바로 인터넷이나 전화로 구매하지 않았을까?

이처럼 이제 미디어를 통해 얻은 정보는 행동을 유발시키는 결정적 요인으로 작용하지 않는다. 단지 몇 개의 정보가 모여 다음 행동을 유발시키는 '정보원'의 기능을 할 뿐이다. 바꾸어 말하면 소개·입소문의 영향력이 그만큼 커지고 있다는 의미다.

일본에서는 도요노우시노히土用の丑の日(일본의 복날) 하면 '장어'를 떠올리는 사람이 많다. 히라가 겐가이平賀源内라는 과학자가 주로 겨울철에 먹는 장어의 여름철 소비를 늘리기 위한 고육책으로 고안해낸 홍보 문구가 그 기원이다.

당시는 인터넷은커녕 신문조차도 없던 아날로그 시대였음에도 겐

가이의 아이디어대로 홍보 문구를 쓴 종이를 붙인 가게는 입소문을 타고 대박이 났다. 복날에는 장어를 먹어야 한다는 행동까지도 입소문을 통해 널리 퍼졌고, 결국에는 시대와 지역을 넘어 누구나 아는 상식이 되었다. 이 사례는 사람들이 얼마나 입소문을 신뢰하는지를 알려준다.

이런 경향은 B2B 비즈니스에서도 마찬가지다. 무심코 들은 이야기가 업무로 발전하는 경우가 많다.

한 업계 모임에서 각각 회사 임원인 A와 B가 대화를 나누던 중에 A가 B에게서 "저희는 C라는 회사에서 자재를 공급받고 있습니다"라는 말을 들었다고 가정하자. A는 지금까지 C라는 회사에 대해 관심을 갖기는커녕 그 존재조차도 모르고 있었다. 하지만 다음 날 B가 C사에 발주한다는 말이 기억에 남아 담당자에게 "C사 어떨까?"라고 제안했다면, 이 또한 일종의 소개·입소문 효과라 말할 수 있다.

연령별로 보면 이러한 경향은 젊은 세대일수록 강하다. DATA 1-6a를 살펴보자.

이 데이터를 보면 젊은 세대는 대체로 친구나 지인에게서 얻은 정보를 신뢰하며 정보 접촉 횟수도 잦았다. 또 연수입이 낮은 사람이 소개·입소문에 대한 신뢰도가 높고 노출 빈도도 잦았다. 이들은 인터넷이나 스마트폰으로 많은 정보를 입수한다. 하지만 이들이 신뢰하

## ● DATA 1-6a '친구·지인'의 정보를 신뢰해 자주 접촉한다(연령별) ●

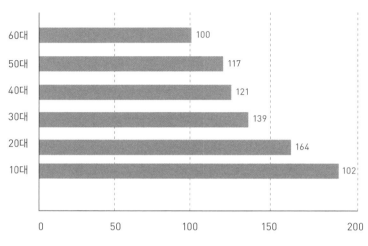

※60대=100을 기준으로 작성

## ● DATA 1-6b '친구·지인'의 정보를 신뢰해 자주 접촉한다(연수입별) ●

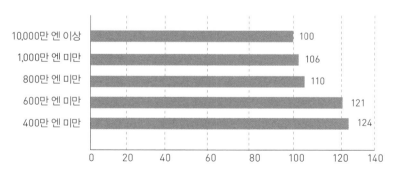

※ 1,000만 엔 이상=100을 기준으로 작성

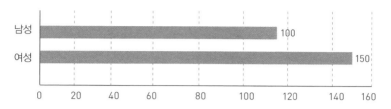

● **DATA 1-6c** '친구·지인'의 정보를 신뢰해 자주 접촉한다(남녀별) ●

| | |
|---|---|
| 남성 | 100 |
| 여성 | 150 |

0　20　40　60　80　100　120　140　160

※ 남성=100을 기준으로 작성
　이상, 브랜드데이터뱅크 제20기 조사(2014년 12월)에 기초해 작성

는 것은 친구나 지인한테서 얻은 정보이다. 또한 여성이 남성에 비해
1.5배나 높은 수치를 보인 점에도 주목해야 한다(DATA 1-6c).

　소개·입소문은 그 효과가 이미 오래전부터 검증된 것이므로 B2B는
물론 B2C 거래에서도 마케팅 전략상 큰 성과를 거둘 수 있다. 그리고
최대 강점인 '질 높은 정보', '높은 신뢰도'를 유지하면서 '정보 확산'
효과도 기대할 수 있다(DATA 1-7).

## ● DATA 1-7  접촉량×신뢰도로 본 소개·입소문의 유용성 ●

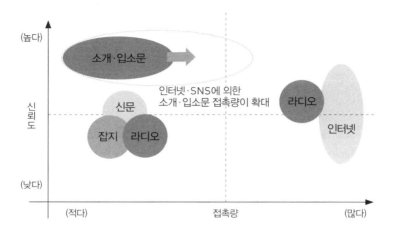

⊙ 정리

- 기존 4대 미디어 중심으로는 고객과 접촉하는 것이 어려워지고 있다.
- 인터넷의 발전으로 고객이 접하는 정보량은 비약적으로 증가했지만, 그 대부분은 고객의 머리에 남아 있지 않다.
- 정보 가치는 '양'이 아니라 '질≒신뢰성'으로 바뀌고 있다.
- 정보 유입별 신뢰도를 비교해보면 압도적 1위는 '지인의 추천'이다.

# 고객 생애 가치인가,
# 고객 소개 가치 인가:
# 비즈니스 무대에서의 검증

■ 소개·입소문 강화에는
  2종류가 있다

■ 저빈도 상품은소개·입소문이
  사업의 생명선

■ 고빈도 상품도 고객 소개 가치
  전략을 통한 신규 고객
  확보가 과제

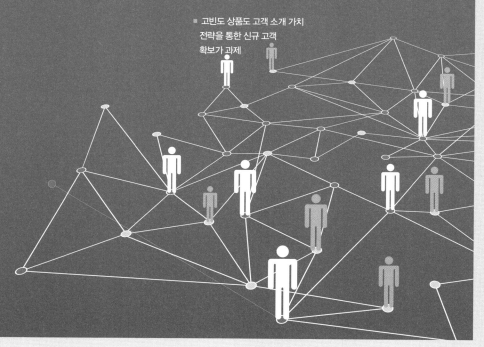

customer referrals
+
recommendations

# 소개·입소문 강화에는 2종류가 있다

1장에서 설명했듯이 소개·입소문의 가치는 점점 높아지고 있으며 독자들도 이를 충분히 인식했을 것이라 생각한다. 또 새로운 고객을 창출하는 데 소개·입소문의 역할이 중요하다는 사실에도 반론이 없을 것이다.

하지만 실제 기업 활동을 보면 다음과 같이 양극화되는 경향이 있다.

- 소개·입소문을 가장 중요한 포인트로 삼고 이를 강화하려는 기업(주로 저빈도 상품)
- 소개·입소문 전략의 기업 내 중요도가 낮은 기업(주로 고빈도 상품)

  ※ 저빈도 상품이란 자동차나 주택 등 구매 빈도가 높지 않은 상품을 말한다. 고

빈도 상품이란 미용실이나 음식점처럼 구매 빈도가 높은 상품을 가리킨다.

　이렇게 분류하는 이유는 취급하는 상품과 서비스의 특성이 서로
다르기 때문이다.
　DATA 2-1에서는 거래 연수에 따라 고객 한 사람에게서 얻는 수익
을 항목별로 정리했다.
　또 DATA 2-2는 고객과의 관계성이 수익에 관여하는 형태를 나타
낸다. 이것을 보면 '가격', '빈도', '관계의 장기화' 같은 항목은 기존

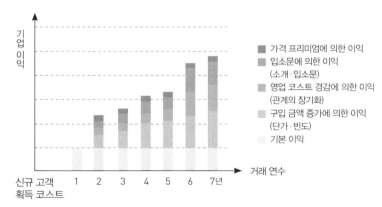

**● DATA 2-1 고객 만족이 높아지면 이익은 향상된다 ●**

기업 이익

■ 가격 프리미엄에 의한 이익
■ 입소문에 의한 이익
　(소개·입소문)
■ 영업 코스트 경감에 의한 이익
　(관계의 장기화)
■ 구입 금액 증가에 의한 이익
　(단가·빈도)
□ 기본 이익

신규 고객
획득 코스트

1　2　3　4　5　6　7년　　거래 연수

* 출처: 제임스 헤스켓, 얼 새서, 레오나르도 쉘리싱어 저(1998)
「커스터머 로열티 경영」에 기초해 작성

| | | |
|---|---|---|
| ① | 단가 | 기존 고객 유지에 의한 수익 공헌 |
| ② | 빈도 | |
| ③ | 관계의 장기화 | 신규 고객 창출에 의한 수익 공헌 |
| ④ | 소개·입소문 | |

고객 유지 차원에서는 중요하지만, 신규 고객 창출에는 '소개·입소문'이 반드시 필요함을 알 수 있다.

상품별로 그 특성을 살펴보면, 저빈도 상품은 신규 고객 창출을 위해 소개·입소문을 적극 활용한다. 이에 비해 고빈도 상품은 기존 고객이 지속적으로 방문해주면 사업이 유지되는 흐름이 계속 이어져 왔다. 하지만 사회 전체가 성숙 단계에 들어선 현재에는 고객사가 해마다 성장하기를 기대하기 어렵다. 그리고 자사 매출이 여기에 발맞춰 매년 증가하는 일도 점점 사라지고 있다. 다시 말해, 지금은 기존 거래처와 거래를 유지하는 것만으로는 매출 성장을 이룰 수 없는 시대이다.

다음에서 구체적으로 상품별 소개·입소문 전략에 대해 생각해
보자.

# 저빈도 상품은
# 소개·입소문이 사업의 생명선

●● 저빈도 상품이란 고객 한 사람이 평생 몇 차례만 사는
상품을 말한다. 예를 들면 주택, 자동차, 생명보험 등이 그렇다. 보통
사람들은 수십 년에 1번 집을 사고 7년에 1번 정도 자동차를 재구매
한다. 생명보험도 1번 계약하면 평생 같은 회사를 유지하는 경우가
많다. 이런 상품을 판매하는 기업은 기존 고객 한 사람에게 다음 판
매 기회를 기대하기가 어려운 처지다. 그래서 소개·입소문을 이용해
고객 만족을 수익으로 연결시키는 돌파구를 모색하고자 하는 경향
이 강하다.

구입 빈도가 낮다는 말을 바꾸어 말하면 고객 입장에서 구매 결
정이 어렵다는 의미이기도 하다. 즉, 평생을 통해 몇 번밖에 구매하지
않는 상품이기 때문에 결정 기준이 정해져 있지 않다. 어떤 정보를

모으면 되는지, 무엇을 믿으면 좋은지도 모른다. 그 결과 친분이 있는 사람의 같은 종류 상품 구매 경험이나 지인의 신뢰할 만한 '소개·입소문' 정보를 중요하게 여긴다. 특히 주택이나 자동차 등은 저빈도 상품인 동시에 가격이 비싸기에 잘못된 구매를 하여 손해를 보는 일을 몹시 꺼린다.

저빈도 상품을 판매할 때는 이런 경향을 잘 반영해야 한다. 기존 고객의 재구매를 기대하기보다는 기존 고객 주위의 잠재적 소비자를 타깃으로 삼는 것이 더 효율적이다. 구매 빈도가 낮은 상품과 서비스를 취급하는 회사에 소개·입소문을 통한 신규 고객 확보는 생명줄과도 같다. 저빈도 상품과 소개는 떼려야 뗄 수 없는 관계다. 이는 판매하는 기업과 정보를 모아서 구매하는 고객 모두에게 마찬가지다.

그리고 B2C(기업-개인 소비자)뿐만 아니라 B2B(기업-기업) 거래에서도 저빈도 상품의 소개·입소문이 중요하게 이루어진다.

기업에서도 수년이나 10년, 심지어는 수십 년에 1번꼴로 발생하는 업무가 있다. 대형 시스템의 신규 도입 등이 그것이다. 이때 구매하는 상품은 저빈도 상품이면서 고액 상품이다. 제대로 알지 못하고 신뢰도가 낮은 회사를 선택했다가 실패하면 크게 낭패를 볼 수 있다. 그래서 시간을 들이더라도 믿고 맡길 수 있는 회사를 찾으려 하는 건 당연한 일이다.

그래서 다각도로 정보를 모은다. 웹사이트를 꼼꼼히 보고 상세한 자료를 요청해서 검토하며 전시회 등의 행사장을 방문하여 관련 전문가에게 직접 설명을 듣는다. 이런 활동과 함께 같은 업종이거나 규모가 비슷한 회사의 발주와 구매 사례를 적극 참고로 한다. 같은 구매 경험이 있는 회사를 방문하거나 실무자를 만나 질문을 하고 이야기를 듣기도 한다. 입소문을 수집하는 것이다. 이런 과정에서 발주할 회사를 소개받는 경우도 있다.

경영자나 임원들의 모임에 참석하면 저빈도 고액 상품 구매나 프로젝트 발주가 화제로 오르곤 한다. "요즘 ○○ 때문에 고민인데, 자네 회사는 어떻게 하고 있나?"라고 질문하면 "그 문제라면 우리가 거래하는 회사가 꽤 괜찮아"라고 대답하는 식이다. 의사결정권을 가진 최고경영자들의 일처리는 일사천리로 이루어진다. 이때 "어느 회사인지 가르쳐주겠나?"라고 요청함으로써 대화에서 얻은 정보가 실제 거래로 발전하는 일이 드물지 않게 일어난다. 이처럼 B2B 거래에서는 소개·입소문 활용 범위가 생각 이상으로 확장될 수 있다.

DATA 2-3은 상품별 속성을 나타낸 것이다.

저빈도 상품을 취급하는 기업에서는 소개·입소문이 매출 확대의 돌파구라는 인식이 강하다. 그래서 이미 대부분의 기업이 고객 소개 가치CRV를 적극적으로 도입하고 있다.

## ● DATA 2-3 상품 매트릭스 ●

| | | B2B | B2C | |
|---|---|---|---|---|
| **구매빈도** | 저빈도 | 기업용 상품으로 구매 빈도가 낮다 (예: 시스템 개발, 오피스 기기) | 소비자용 상품으로 구매 빈도가 낮다 (예: 집, 자동차) | 이전부터 소객 소개 가치 전략을 실시하고 있었다 |
| | 고빈도 | 기업용 상품으로 구매 빈도가 높다 (예: 원자재 구입) | 소비자용 상품으로 구매 빈도가 높다 (예: 미용실, 음식점) | 고객 생애 가치뿐 아니라 고객 소개 가치 전략을 도입할 필요가 있다 |

대 상

특히 주택, 생명보험, 자동차 등 '저빈도'이면서도 'B2C' 영역에 속한 기업일수록 이런 경향이 강하다. 그들은 소개·입소문의 중요성을 전사적으로 인지하고 최고경영자의 지휘 아래 고객의 소개 가치를 중시하는 전략을 조직적이고도 효율적으로 도입하고 있다.

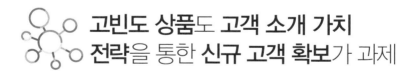

# 고빈도 상품도 고객 소개 가치 전략을 통한 신규 고객 확보가 과제

●● 　비교적 자주 소비하는 상품과 서비스를 고빈도 상품이

라고 한다. 고빈도 상품은 재구매 고객이 많다는 특징이 있다. 고빈도 상품을 취급하는 회사는 주로 재구매율과 고객 단가를 어떻게 올릴지에 대해 무척 관심이 많다. 하지만 소개에 대해서는 '해주면 좋고 안 해줘도 그만'이라고 생각하기 쉽다.

대표적인 사례로 미용실을 들 수 있다. 미용실은 수익을 높이기 위해 고객의 방문 빈도를 높이는 데 주력한다. 그래서 커트만 하러 온 고객에게 염색이나 트리트먼트를 권하기도 하고 헤드 스파나 네일 영역까지 시장을 넓히기도 한다. 방문 빈도를 높여 고객 단가를 증가시키고 세트 판매를 통해 고객 고정화 효과를 노리는 것이다. 즉, 고객 생애 가치를 극대화시키는 방법에만 집중하는 경향이 강하다.

고빈도 상품은 처음부터 소개나 입소문을 통한 신규 고객 확보에는 큰 가치를 두지 않는다. 지금까지는 기존 고객을 잘 관리해 고객 만족도를 향상시킴으로써 고객 관계를 무너뜨리지 않으면 기본적으로 매출을 유지할 수 있었기 때문이다. 하지만 신규 기업 진출과 구매 인구 감소가 이어지면서 이러한 상황은 변하고 있다.

B2B 기업도 마찬가지다. 예전에는 거래 기업이 성장하면 자연스럽게 거래액이 증가하고 수익도 늘었다. 도매업이 그 대표적인 사례다. 대부분의 도매 회사는 정해진 거래처가 있어서 연매출 중 90% 정도는 기존 고객을 통해 확보했다. 시스템 개발 등의 사업을 하는 기업도

한 회사와 계약을 맺으면 오랫동안 그 관계가 계속되는 경우가 대부분이었다. 그래서 거래처가 성장하면 자사 비즈니스도 안정되곤 했다.

하지만 이러한 상황도 이제 한계에 달했다. 많은 업계와 기업은 전체적으로 성숙 단계에 돌입했으며 시장은 축소됐다. 거래처는 때때로 생산비용을 낮춰달라고 요구하기도 한다. 이런 환경에서 기존 거래처를 유지하는 데에만 급급했다가는 기업의 입지가 점점 좁아질 수밖에 없다.

기업의 숙명은 매년 매출을 늘려 성장하는 것이다. 그런데 지금까지 높은 고객 만족을 토대로 고객 생애 가치 활동에만 전념해온 기업이 완전히 새로운 신규 거래처를 뚫어야 하는 상황에 처했다.

과연 어떤 방법으로 신규 거래처를 발굴할 수 있을까? 생각해볼 수 있는 방법은 2가지다. 하나는 기존 고객의 높은 고객 만족도를 활용해 '소개' 전략을 전개해나가는 방법이고, 다른 하나는 적극적인 '마케팅'과 '영업'을 펼쳐 신규 거래처를 발굴하는 것이다. 그런데 지금까지 성실히 사업을 해온 기업은 높은 고객 만족도라는 강점을 보유하고 있다. 따라서 이를 활용한 소개·입소문을 최대한 확장하는 것이 신규 고객 발굴의 중요 포인트가 된다.

그런데 이럴 경우 지금까지 고객 관계 유지에만 집중해왔던 회사의 전반적인 분위기를 소개·입소문으로 전환시킬 필요가 생긴다. 또

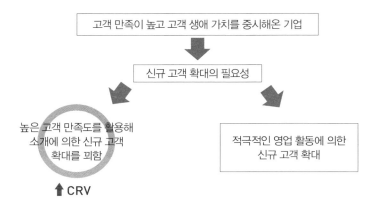

**● DATA 2-4 '소개'를 통한 신규 고객 확대 공략 ●**

고객 만족이 높고 고객 생애 가치를 중시해온 기업

신규 고객 확대의 필요성

높은 고객 만족도를 활용해 소개에 의한 신규 고객 확대를 꾀함

**↑ CRV**

적극적인 영업 활동에 의한 신규 고객 확대

지금까지 고객 만족이라는 개념을 고객과의 관계 유지 차원에서만 다뤄온 기업이 소개·입소문 전략을 도입한다고 해서 바로 신규 고객을 확보할 수 있을지도 불분명하다. 더구나 기존 고객 관리만으로 어느 정도의 매출을 유지해온 기업이라면 필요한 신규 고객 확보가 수치로 제시되지 않는다면 회사 전체가 한마음으로 소개·입소문 전략에 몰입하기 어려울 수도 있다.

그러나 전사적으로 소개·입소문 활동을 시작했다면 '되면 좋고 안 되도 그만'이라는 식의 사고방식은 버려야 한다. 그런 각오로는 절대로 성과가 나지 않는다. 안일한 마음가짐으로 소개·입소문 활동을 시작했다가는 오래가지 못하고 도중에 좌절해버릴 확률이 높다. 사실 그런 기업이 정말 많다.

비약적으로 시장이 성장 중인 아시아의 몇몇 개발도상국에서는 예전의 일본이 그랬듯 텔레비전 광고, 옥외 광고판을 이용한 마케팅, 고객 생애 가치 중시 활동만으로도 충분히 매출 성장을 이룰 수 있다.

하지만 이미 성숙기에 접어든 시장에 속한 기업들은 이제 고객 생애 가치에서 고객 소개 가치로 전략을 전환해야 할 시기에 와 있다. 업계를 막론하고 장차 신규 고객을 확대하고자 한다면 반드시 소개·입소문 활동을 중요한 과제로 삼고 전략적으로 도입해야 할 것이다. 그렇지 않다면 영업 전략은 성공할 수 없다.

---

⊙ 정리

- '저빈도 상품을 취급하는 기업'과 '고빈도 상품을 취급하는 기업'은 소개·입소문 활동 도입 자세가 다르다.
- 저빈도 상품을 취급하는 회사에서는 소개·입소문을 활용한 신규 고객 확보가 사업의 생명선이다.
- 고빈도 상품을 취급하는 회사는 기존 고객 계약 유지와 단가 향상이라는 목표와 더불어 소개·입소문을 강화해야 하는 단계에 접어들었다.

# 소개 전략의 3가지 트렌드

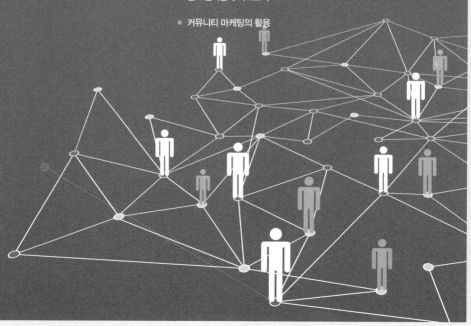

customer referrals
+
recommendations

# 고객 생애 가치에서
# 고객 소개 가치로의 전환

　　●● 　　많은 기업의 전략은 지금까지 기존 고객의 만족도를 높여 재구매를 늘리는 '고객 만족 제일주의→기존 고객 유지'라는 비즈니스 구조로 전개되어 왔다. 하지만 사회 전체가 성숙 단계에 접어든 녹록지 않은 상황을 고려할 때, 앞으로는 기존 구조에 '소개·입소문' 발생이 전제가 된 비즈니스 제도를 추가로 설계할 필요가 있다.

　　소개·입소문 확대를 위한 새로운 비즈니스 제도를 설계할 때 중요한 점은 제도 정비부터 시작해야 한다는 것이다.

　　예를 들면 음식점에 손님이 오면 종업원이 물과 물수건을 내놓는다. 일부 종업원은 물컵을 테이블에 놓으면서 "오늘 날씨가 참 덥군요" 등과 같은 자연스러운 인사를 건네기도 한다. 누가 시키지 않아도 그렇게 한다. 그런데 식당 사업주가 고객 서비스를 감동 품질까지 높이겠다고 마음먹고 "진심이 담긴 고객 서비스로 고객 감동을 실현하자"고 종업원들에게 지시했다고 하자. 그 결과는 어떻게 되었을까? 사업주의 기대와는 반대로 고객 감동은커녕 현장만 더 혼란스러워졌다. 종업원들은 구체적으로 무엇을 하면 좋을지 몰라 허둥대기만 할 뿐이었다. 결국 사업주의 지시는 종업원들에게 아무런 변화도 일으키지 못한 채 끝나고 말았다.

시스템 개발 기업 등에서는 이따금 서비스의 질을 강화시켜야 하는 국면이 찾아온다. 하지만 서비스 질 향상에 착수하다 보면 필연적으로 시스템 엔지니어들의 노동시간이 늘어나 현장의 피로가 쌓이고 불만이 축적된다. 때에 따라서는 이직자도 다수 발생한다. 그래서 결국 어쩔 수 없이 서비스 강화를 포기하는 사태가 벌어지기도 한다. 이것은 서비스 품질 향상의 전형적인 실패 사례라고 할 수 있다.

정말로 '진심이 담긴 고객 감동을 실현'하고자 한다면 사업주는 이를 위해 무엇을 하면 좋을지 구체적으로 지시를 내려야 한다. 예를 들어 "컵은 이렇게 쥐고 천천히 움직인다. 되도록 소리가 나지 않게 테이블에 내려놓는다. 이때 손님에게 한마디 건네며 인사한다" 등과 같이 세부적 행동 하나하나를 가르쳐야 한다.

기업의 경우도 마찬가지다. 진심을 담은 서비스란 어떤 행동을 말하는지 그 기준을 명확히 세우는 게 필수적인 절차다.

종업원에게 시키고 싶은 일이 있다면 ① 적절한 프로세스를 설계하고, ② 그 프로세스를 가르치며, ③ 실제로 현장에 적용시키고, ④ 프로세스대로 이루어지고 있는지를 체크해 고객 효과를 측정한다. 이처럼 기업 차원에서 무언가를 착수하고자 할 때는 반드시 프로세스(제도) 설계가 필요하다.

소개·입소문을 이끌어내려면 '대체적으로 만족'하거나 '특별히 불만 없는' 정도로는 부족하다. '매우 만족'할 수 있도록 기업 차원에서 움직이며 활동해야 한다. 이것이 바로 고객 생애 가치 중심에서 고객 소개 가치 중심으로의 전환이다.

이 장에서는 고객 소개 가치 전략에 대해 3가지 키워드, 즉 ① 고객과의 접점, ② 능동적 어프로치, ③ 타이밍을 중심으로 살펴보겠다.

## 접점 포인트를 놓치지 말고 고객 소개 가치로 발전시키자

●● 고객의 재구매를 목표로 삼았을 때 '만족' 정도로도 충

분한 상품과 서비스는 많다. 예를 들어 단골 미용실이 있는 사람 대부분은 특별히 불만이 없는 한 몇 년 동안 한 곳만 꾸준히 다닌다.

하지만 누군가가 미용실을 소개해달라고 했을 때 자신이 생각하기에 '이 정도면 괜찮지 뭐' 수준인 미용실을 다른 사람에게 추천할 수 있을까? '대단한' 무언가가 없다면 좀처럼 소개하기 어렵다.

예를 들어 '컷 기술이 최고'라거나, '오너의 헤어 스타일이 멋지다'거나, '가게 인테리어가 좋다'거나 등 무엇 하나라도 마음을 움직이는 감동 포인트가 있어야 한다. 그래야 누군가에게 추천하고 싶다는 생각이 들기 마련이다.

'만족' 정도에 고객은 움직이지 않는다. 그래서 평범한 수준의 '만족'을 '매우 만족'으로, 그리고 더 나아가 '감동' 수준으로까지 발전시키는 '장치'를 만드는 일이 매우 중요하다.

회사가 고객으로부터 감동 수준의 평가를 받기 원한다면, 충분한 사원 교육을 통해 한 사람 한 사람의 서비스 질을 향상시키는 것은 물론 개별 대응 시 규정된 고객 오퍼레이션에서 어느 정도까지 벗어나도 되는지에 대한 지침까지도 정해두어야 한다. 그래서 고객의 어떠한 요구에도 대응할 수 있도록 준비해야 한다. 이것은 발생 가능한 상황에 대비하는 선행 투자 단계라고 할 수 있다.

그런데 회사를 경영하는 입장에서는 경비 절감도 중요한 문제이므로 어디까지 준비시킬지, 혹은 아예 하지 않을지에 대한 판단이 어렵다. 자칫하면 현장에 혼란과 당혹감만 안겨줄 수 있다(그래서 꾸준히 실행하여 결과를 내는 기업이 높은 평가를 받는다). 요컨대 접객 목적이 단지 고객 만족도를 높이는 데 있다면 이런 활동은 경비만 늘리고 종업원의 부담만 커지는 쓸모없는 활동으로 끝나버릴 수도 있다.

따라서 목적을 분명히 해야 한다. 단순히 고객 재구매를 유도하기 위함인지, 아니면 소개·입소문이라는 새로운 가치 창출을 하기 위함인지를 명확히 정한 후, 비즈니스 차원에서 설계하고 도입하는 자세가 필요하다. 대충 만족도만 높이겠다는 자세로는 안 된다. 고객 감동을 '이끌어내겠다'는 자세로 임해야만 '소개·입소문' 활동의 효과를 극대화시킬 수 있다.

이때 '고객과의 접점'을 잘 활용하면 더 큰 효과를 거둘 수 있다. 예를 들어 자동차 판매 과정에서는 여러 번의 고객 접점이 발생한다. 이

● **DATA 3-1 고객과의 접점 포인트(자동차 판매의 경우)** ●

를 도식화한 것이 DATA 3-1이다.

사실 매장을 방문하기 전부터 고객과의 접점이 시작된다. 고객은 이미 TV 광고, 웹사이트, 카탈로그 같은 매체를 통해 원하는 자동차나 판매 회사와 만났다. 또 그 후 매장을 방문해 영업 담당자와 계약이 성사되면 납품, 점검, 정기 검사, 수리 등의 순서를 밟게 되고 고객과의 만남도 계속된다.

이 하나하나의 접점 상황에서 어떻게 하면 만족을 넘어 고객 감동 수준의 서비스를 제공할 수 있을지에 대해 구체적으로 고민해야 한다. 그리고 답을 찾았다면 누구라도 따라 할 수 있게끔 제도화시켜야 한다.

그런데 여기서 주의할 사항은 모든 접점의 고객 만족 레벨을 올릴 필요는 없다는 점이다.

회사에 따라 프로세스 하나하나에 대한 기준이 있을 것이다. 그중에서 '방문, 계약 성사는 5레벨', '정기 검사는 4레벨', '그 외는 3레벨 유지' 등 강화할 포인트와 그렇지 않은 부분을 나누어야 한다.

모든 고객 접점의 만족 레벨을 올리려 하면 기업과 종업원 모두에게 부담이 된다. 또 지속 가능 여부에 대한 문제도 생긴다. 고객 또한 매장 측이 죽기 살기로 매달려 이뤄낸 5레벨을 당연한 기준으로 삼기 때문에 다음 평가는 당연히 내려갈 수밖에 없다.

인간은 오묘한 존재다. 10개 모두를 완벽히 5레벨로 맞추는 것보다 3레벨도 있고 5레벨도 있어 강약이 존재하는 상태를 더 인상 깊게 받아들인다. 따라서 회사가 고객을 감동시키는 접점 포인트를 몇 개로 선별해서 구체적으로 누가 무엇을 할지를 체계적으로 정리해두는 것이 좋다.

현장 개개인의 의식이나 능력에 의존하지 말고 주력 포인트를 설정해 작전을 생각한 뒤 구체적인 프로세스를 설계하는 것, 이것이 바로 회사가 해야 할 일이다.

이러한 활동이 체계적으로 이루어지면 소비자 눈에는 종업원 교육이 제대로 되어 있는 것처럼 보일 것이다. 하지만 사실 이것은 회사가 모두 계산하고 지시한 서비스 행동이다. 정해진 프로세스대로 실행한 결과물일 뿐이다.

소개·입소문 강화에 별로 열의가 없는 회사인데도 서서히 만족도가 올라가고 소개가 조금씩 늘어나는 사례가 가끔 있다. 하지만 이 경우는 회사 노력으로 늘어난 것이 아니므로 언제 어느 시점에서 증가하는지에 대한 예측이 불가능하다. 따라서 똑같은 방법을 되풀이하는 것이 곤란해 단발성 활동으로 끝나버리는 경우가 많다.

반면 고객 만족도가 높은 순간을 정할 수 있다면 어디에서 어떤 액션을 취해 영업 어프로치를 해야 하는지 그 순간을 읽을 수 있다. 또 인사 배치, 업무 스케줄 작성, 자료 작성, 고객 만족 대응 등 비용이나 시간 면에서도 효율적으로 활동할 수 있게 된다. 집중해야 할 포인트를 알고 활동하면, 소개·입소문 활동의 비용 대비 효과는 올라갈 수밖에 없다.

소개·입소문 활동이 성공하기 위해서는 비즈니스의 흐름을 설계하고, 기다리는 자세에서 공격하는 자세로 전환하는 것이 반드시 필요하다.

## 능동적으로 어프로치하라

'소개·입소문'은 자연적으로 발생하지 않는다. 회사가 소개·입소문 발생이라는 목표를 설정하고 그것을 향해 나아가는 과정 속에서 발생한다. 이것은 PDCA 사이클(계획Plan→실행Do→ 평가 Check→개선Action) 반복을 통해 정확도가 올라간다.

소개 활동에 '능동적으로 어프로치한다'는 것은 목표한 타이밍에 회사가 먼저 고객에게 다가감을 의미한다.

- 진심을 다해 접객하면 소개·입소문은 저절로 증가한다.
- 따라서 소개·입소문 강화를 위해 중요한 것은 회사와 영업 담당자의 마음가짐이다.

비즈니스 책에서 자주 접하는 문구다. 틀린 말은 아니지만 회사가 정말로 거래처에 아무런 어프로치도 하지 않을 리 없다. 할 것은 한다. 공략할 때는 공략한다는 전제 하에 마음가짐이 중요하다는 뜻이다. 실제로 모든 영업사원이 명확한 공략 대상을 정하고 영업하기 때문에 성과도 나오는 법이다.

현실에는 소개·입소문으로 계약을 성사시키는 회사와 그렇지 않은 회사가 있다. 취급 상품의 내용과 가격이 비슷비슷한데도 이상하게 한 쪽은 소개 계약이 점점 늘어나고 한 쪽은 전혀 그렇지 않다. 양쪽 모두 고객 접대가 훌륭하고 세일즈 토크도 별 차이가 없다. 하지만 분명히 다른 점이 있다. 계약이 성사되는 회사의 담당자는 이 사람이라고 판단하면 지속적으로 어프로치를 한다. 이러한 의식의 유무가 결과에도 큰 영향을 미친다.

다시 말해, 계약을 성사시키지 못하는 조직은 고객과 계약하기 전까지는 최선을 다해 행동한다. 궁금해하는 점이 있으면 바로 조사해 알려주고 도움이 되는 정보를 제공하고자 시간을 아끼지 않는다. 하지만 계약이 끝나는 순간 스위치를 바로 내린다. 상품이 팔렸으니 이제 다음은 내 일이 아니라는 식이다.

반면 소개·입소문에 강한 조직은 계약이 성사된 후에도 스위치를 ON에 두고 계약 전과 변함없이 대응한다. 정기적으로 얼굴을 비추기도 하고 불편한 점은 없는지 묻기도 한다. 단, 이것은 소개 계약 가능성이 보일 때의 이야기다. 사후 관리를 해도 다음 유망 소개 계약이 없을 것 같다는 판단이 서면 적당히 관리해도 된다. 가능성이 있는지 없는지를 제대로 판단하는 것, 이것이 실적 향상으로 이어지느냐 마느냐의 갈림길이 된다.

사람이 좋은지, 조직이 큰지 여부는 상관없다. 중요한 것은 합리적인 선택과 공략으로 효율적인 성과를 낼 수 있는지이다. 즉, 무작정 모든 고객에게 최선을 다하기만 하면 저절로 소개·입소문이 늘 것이라고 믿는 문어발식 충성형 영업은 지양해야 할 것이다.

# 효과적인 '타이밍'을 놓치지 말고
# 단시간에 어프로치

유통 정보량이 비약적으로 늘어난 요즘, 꼭 한번 생각해 보아야 할 것이 '타이밍', 바로 시간과의 관계다.

예를 들면 어떤 경영자가 다른 어떤 회사에 대해 '이 회사 괜찮네'라고 생각했다고 하자. 그런데 2시간 정도 지나면 그런 생각을 했다는 사실조차 잊어버리고 만다. 이러한 일은 우리 모두에게 흔히 일어난다. 그 배경에는 인터넷상의 유통 정보량이 70배나 증가했다는 사실이 있다. 생각났을 때 바로 행동으로 옮기지 않으면 정보는 묻혀버리고 만다.

고객이 회사에 대한 호감이 생겼을 때 바로 주위 사람에게 소개 또는 입소문이라는 형태로 소개 어프로치를 할 수 있게 만드는 것, 이것이 바로 '단시간 어프로치'이다.

한 회사가 마음에 들어서 소개하고 싶은데도 무엇을 해야 할지 모른다면 고객은 바로 행동하지 않는다. 그리고 대부분은 그대로 잊어버린다. 따라서 소개를 유도하려면 이렇게 망설이는 시간, 즉 틈새 시간과 같이 짧은 시간에도 취할 수 있는 행동을 지시해주는 것이 전략상 매우 중요하다.

그렇다면 실제로 어떻게 하면 될까? 우선 "이런 식으로 선전해주세요"라든가 "이런 활동을 해주세요" 또는 "주위 사람에게 입소문을 내주세요"라고 고객에게 구체적 행동을 지시한다. 중요한 점은 고객이 얼마나 단시간에 소개·입소문 활동을 개시하도록 하느냐이다. 요즘 같은 사회에서는 '틈새 시간을 이용해 얼마나 빨리 일을 끝낼 것인가'가 중요하기 때문이다.

그러기 위해서는 우선 사전에 '고객 만족도가 높아졌을 때 무엇을 해야 하는가', '소개 후보가 생겼을 때 무엇을 해야 하는가'에 대해 생각해두어야 한다. 몇 차례 언급했듯이 무작정 범위를 넓히는 것은 의미가 없다. 공략 대상을 정하고 무엇을 해야 할지 회사와 개인 차원에서 정리해두는 게 필요하다.

그다음으로 '어프로치는 단시간에 끝내야' 한다. 동료 경영자와 대화하던 중 그 사람이 "그러고 보니 이런 사람이 있어"라고 소개 후보를 언급했다 하더라도, 절대 "그러면 소개해주세요"라고 해서는 안 된다. 반드시 "지금 바로 전화해볼 수 있으세요?"라든가 "지금 메일을 보내주시겠어요?" 또는 "메신저로 연락해볼 수 있을까요?"라는 식으로 한 걸음 더 들어가 어프로치해야 한다. 상대방이 먼저 행동을 선택하도록 하지 말고 "이 카드를 보내드려도 될까요?", "그분 명함을

받을 수 있을까요?", "전화를 걸어 이렇게 말해주세요"라는 식으로
주도권을 쥐어야 한다. 그리고 상대가 바로 대응할 수 있도록 구체적
인 행동을 요구한다.

그렇다면 왜 이렇게까지 서둘러야 할까? 그것은 소개를 해야겠다
고 생각한 그 순간이 바로 감동과 관심도가 최고조인 순간이기 때문
이다. 이 타이밍을 놓치면 방법이 없다. 지루한 이야기만 길게 늘어놓
는다고 결과가 나오지 않는다. 그 자리에서 끝맺는 것이 중요하다. 필
요한 액션을 얼마나 단시간 안에 효율적으로 실행할 수 있는가. 단시
간에 어프로치를 끝낸다는 말은 바로 이런 의미를 내포하고 있다.

## 커뮤니티 마케팅의 활용

소개·입소문을 강화시키는 방법을 다른 관점에서 바라
보면 그 유력한 대안으로 '커뮤니티 마케팅'을 발견할 수 있다. 일반적
으로 커뮤니티 마케팅은 기업과 고객 또는 고객과 고객 간에 '창조 가
치를 창출하는 효과가 있다'는 평가를 받는다. 예를 들어 커뮤니티를

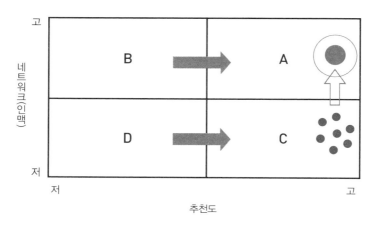

DATA 3-2 추천도×영향 범위 매트릭스

네트워크(인맥)

고

저

B　　　　A

D　　　　C

저　　　　추천도　　　　고

통해 고객 의견을 듣고 개선을 거듭해나가면 상품의 질이 높아지며, 또 함께 작업하면서 입소문이 퍼져 신규 고객도 늘어나기 때문이다.

　DATA 3-2에서처럼 추천 의사가 높고 인맥, 네트워크도 넓은 사람이나 소개 실적이 다수인 사람(A층)은 특별히 아무것도 하지 않아도 실적을 올려준다.

　하지만 추천 의사가 높고 인맥이 넓은 사람일지라도 여러 차례 주위 사람을 소개하다 보면 점점 인맥이 고갈되는 경우가 많다. 그림에서처럼 처음에는 A에 있던 사람이 점차 C(추천 의사는 높지만 휴면 상태가 되거나 인맥이 고갈된)로 옮겨 가는 일이 발생하는 것도 이 때문이다.

이럴 때 회사에서 해야 할 일이 바로 네트워크의 장場을 마련해주는 것이다. C 상태의 고객을 A로 되돌리려면 타인에 대한 영향력이 커져야 하는데 회사가 이를 도와주는 것이다.

애완동물과 함께 생활하는 아파트를 지어 판매하는 H사의 사례를 통해 이것을 살펴보자. 애완동물과 함께 생활하는 아파트는 애완동물을 기르는 사람을 위한 전용 아파트인데 보통 아파트에 비해 비용이 비싸다는 단점이 있다. 그래서 입주자 모집이 어려운 경우가 많다.

H사와 계약한 고객 중에 X라는 인물이 있다. 그는 추천 의사가 높고 인맥 네트워크도 넓어서 예전에는 지인을 꽤 소개해주었다. 그러나 웬만큼 주변 사람을 소개하고 나니 요즘은 마땅히 소개할 사람이 없는 상태다.

그래서 H사는 X에게 다른 형태의 도움을 받고자 H사가 정기적으로 개최하는 이런 아파트에 흥미가 있는 사람들이 모이는 커뮤니티에 참가해보라고 권했다.

그러자 X는 이 커뮤니티 이벤트에 참가해 실제 거주자로서의 경험과 H사의 장점 등을 이야기해주었다. 커뮤니티 참가자들도 영업 담당자의 설명보다는 관심사가 같은 사람에게 직접 들은 이야기를 더 신뢰했다. 결과적으로 이 이벤트는 신규 고객 영업에 매우 효과적이었다.

또한 X는 이벤트에 자신의 지인 몇 명을 초대했다. 지금까지 X는 자신의 가까운 친구를 H사 영업 담당자에게 직접 소개해주곤 했는데, 커뮤니티 이벤트에는 그다지 가깝지 않은 지인들을 초대했다. 직접 영업 담당자에게 소개할 정도의 친분은 아니지만, "나는 요즘 이런 커뮤니티 이벤트에 참가하고 있는데 시간 있으면 함께 가지 않을래요?" 정도의 권유라면 부담 없이 해볼 수 있기 때문이었다.

이처럼 소개·입소문 마케팅에 커뮤니티를 활용하면, A영역 고객의 영향력이 더욱더 넓어져 효과적으로 새로운 고객을 창출할 수가 있다.

할리데이비슨은 회사가 직접 오토바이 오너들이 모이는 커뮤니티를 연다. 할리의 오토바이는 저빈도 상품인 동시에 고액 상품이라서, 오너들이 주위 사람을 소개하다가도 어느 순간이 되면 더 이상 소개할 만한 지인이 없어지고 만다.

그래서 할리데이비슨은 1년에 수차례 직접 대규모 이벤트를 개최한다. 할리 오너들에게는 할리 축제인 동시에 정보를 교환할 수 있는 귀중한 자리다. 또 이 이벤트는 가족이 함께 즐길 수 있는 프로그램도 많기 때문에 할리 입문자에게도 부담이 없다. 즉, 할리 오너들이 부담 없이 지인(장래의 할리 오너 예비군)을 초대할 수 있는 이벤트인 것이다.

　이 이벤트에는 과거에 직접 소개했던 가까운 친구는 물론이고 그다지 가깝지 않은 사람들도 초대한다. 초대 받은 사람 중에는 아직 할리 오너가 아닌 사람도 있는데, 이들은 이틀 동안이나 할리와 가까이에서 지내면서 '역시 할리는 멋있어', '다음엔 할리야'라고 자연스럽게 생각하게 된다. 할리데이비슨의 강점은 이러한 커뮤니티 형성을 회사가 직접 유도하고 있다는 점이다. 이러한 자리가 계속 늘어나면 기존 고객이 소개·입소문 활동을 할 기회도 늘어나는 게 당연하다. 이러한 접점 포인트의 개념을 정리한 것이 DATA 3-3이다.

● DATA 3-3 커뮤니티 마케팅을 활용한 소개 활동 ●

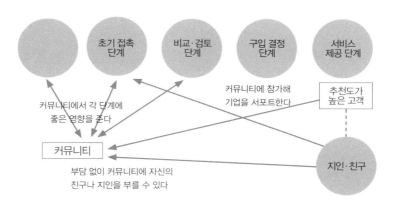

요즘은 친구나 지인을 직접 소개하기를 꺼리는 사람이 많다. 하지만 이러한 사람들도 자연스러운 분위기의 커뮤니티라면 부담 없이 지인을 초대할 수 있다고 말한다. 역설적으로 들리겠지만, 커뮤니티 마케팅은 인터넷 상에서 모든 것이 이루어지는 요즘 같은 시대에 오히려 더 효과적인 방법일지도 모르겠다.

지금까지 소개·입소문에 필요한 '고객과의 접점', '능동적 어프로치', '타이밍'에 대해 살펴보았다. 이 3가지를 염두에 두고 다음 장부터는 소개 전략의 프레임워크인 '4S'에 대해 다루어보겠다.

① 세분화<sub>Segmentation</sub>

   대상을 정한다(과거의 정리)→4장
② 만족<sub>Satisfaction</sub>

   감동 설계(미래의 설계)→5장
③ 영업<sub>Sales</sub>

   능동적 어프로치→6장
④ 시스템<sub>System</sub>

   조직적인 지속성→7장

- 고객 생애 가치를 전제로 삼았던 기존 비즈니스 설계를 고객 소개 가치 공략을 위한 새로운 비즈니스 설계로 전환해나간다.
- 고객과의 접점 포인트에서 '감동'을 만들어내도록 설계한다.
- 능동적으로 어프로치함으로써 원하는 타이밍에 소개·입소문이 발생하도록 한다.
- 소개 어프로치는 단시간에 마무리함으로써 효과적인 타이밍을 놓치지 않는다.
- 추천 의사는 높지만 인맥 네트워크가 약한 기존 고객에게는 커뮤니티 마케팅을 활용하면 효과적이다.

# 소개 강화를 위한 고객 선정 방법

- 4S 그 첫 번째 S:
  고객 세분화Segmentation

- 만족도가 아닌 새로운 분류 축

- 고객 분류는 회사가 관리

- 등급 분류를 참고해
  활동 우선순위를 세우자

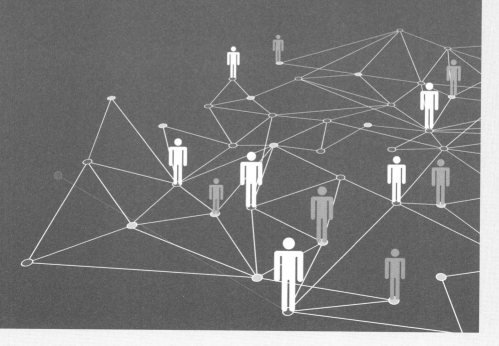

customer referrals
+
recommendations

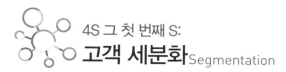

## 4S 그 첫 번째 S:
## 고객 세분화Segmentation

소개 전략을 수행하기 위해서는 먼저 고객을 분류해 타깃 범위를 좁힐 필요가 있다. 모든 고객을 타깃으로 삼는 것은 비효율적이기 때문이다. 이런 작업을 '고객 세분화'라고 한다.

보통 고객 세분화는 기존 고객에게만 유효한 작업이라고 생각하는 경향이 있다. 하지만 그렇지 않다. 과거는 미래를 위한 교과서이다. 기존 고객을 되돌아봄으로써 미래 잠재 고객에게 어떤 상황을 제공하면 소개 경향이 강한 우량 고객을 탄생시킬지를 파악할 수 있다. 과거 고객을 분류함으로써 자연스럽게 새로운 고객에게 어떻게 어프로치해야 할지에 대한 윤곽이 잡히기 때문에 활용도가 높다. 이것을 구체적인 사례를 통해 살펴보자.

## ● DATA 4-1 소개력 & CRM 강화 전체 상 ●

### 고객 분류와 소개 행동의 흐름 차트

※ 소개 실적이 다수인 경우는 S등급, 1건이면 A등급으로 분류한다

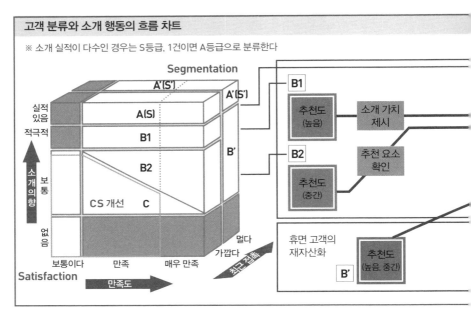

### 소개 영업 단계                                                     Sales

| 영업 단계 | 배경 | 포인트 | 해결책 |
|---|---|---|---|
| ① 소개 의뢰 | 자사 영업이 소개 의뢰를 하지 않음 | 마인드 | 가치, 소개료 |
| ② 소개 가치 제시 | 소개하는 사람이 제대로 소개 의뢰·입소문 활동을 하지 않음. 특별한 이유 없이 활동하지 않음 | 영업 포인트 | 넘버 원, 온리 원, 퍼스트 원 |
| ③ 특정 의뢰 (네트워크 파악) | 소개하는 사람이 소개받을 사람을 쉽게 찾지 못함 | 소개 타깃 명시 | 인맥 지도, 지정 의뢰 |
| ④ 활동 지정 | 소개 활동의 구체적 방법을 모름 | 소개 활동 과정 설계 | 단계적 어프로치 |

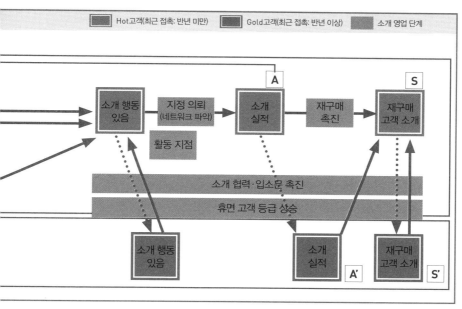

| | Hot고객(최근 접촉: 반년 미만) | | Gold고객(최근 접촉: 반년 이상) | | 소개 영업 단계 |

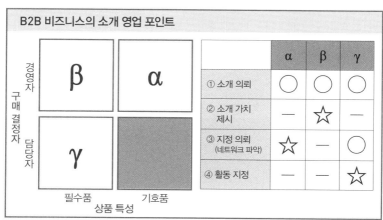

## B2B 비즈니스의 소개 영업 포인트

| | α | β | γ |
|---|:---:|:---:|:---:|
| ① 소개 의뢰 | ○ | ○ | ○ |
| ② 소개 가치 제시 | ― | ☆ | ― |
| ③ 지정 의뢰 (네트워크 파악) | ☆ | ― | ○ |
| ④ 활동 지정 | ― | ― | ☆ |

구매 결정자: 경영자 / 담당자
상품 특성: 필수품 / 기호품

β  α
γ

가령 어느 회사에서 고객 세분화를 실시했더니 '회사 브랜드에 대한 만족도가 높으며 접촉 빈도가 잦은 고객이 소개 발생률이 높다'는 결과가 나왔다고 가정하자. 그러면 이 기업이 고객의 소개 발생 촉진을 위해 취해야 하는 예측 가능 어프로치는 다음 2가지 정도일 것이다.

- 회사 브랜드 전달 강화(광고, 영업)
- 일정 주기로 고객과 접촉할 기회를 만들 것

　여기까지 결정되면 구체적인 행동 지침을 세우는 것은 그리 어렵지 않다. 첫 접촉부터 구입에 이르기까지 더 공들여 브랜드 설명을 한다든지, 신제품 DM 발행 간격을 좁힌다든지, 사후 관리 서비스를 추가하는 등의 방법을 마련하면 된다.
　세분화의 목적은 '소개를 강화시키기 위해 필요한 고객을 선정하는 것'이다. 과거에 소개·입소문 실적이 있는 고객이 자사의 어떤 점에 만족하고 있으며 어떤 고객 속성을 소개하고 있는지에 대한 법칙을 세우고 정리·분류하는 작업은, 앞으로 이러한 성향을 지닌 고객을 다수 창출하기 위해서는 조직이 어떤 일에 착수해야 하는지를 판단하는 기준이 된다.

기본적으로 모든 고객은 소개 가능성을 지니고 있다. 세분화는 과거 고객 중 우수한 집단을 선별하는 데에만 그치지 않고, 더 나아가 소개·입소문 경향이 강한 잠재 고객 양성을 위해 회사가 움직여야 할 방향을 제시해주는 나침반 역할을 수행한다.

## 만족도가 아닌 새로운 분류 축

CRM을 이용해 만족도를 올리고 재구매 고객을 늘리고자 할 때 주로 사용하는 것이 RFM 지표 분석이다.

RFM 분석이란 '최근 구매일Recency', '구매 빈도Frequency', '누계 구매 금액Monetary'의 3가지 기준으로 고객을 세분화하는 고객 분석 방법이다. 시스템에 축적된 수주·매출 실적을 바탕으로, 이 3가지 기준에 따라 정기적으로 고객 중요도를 판단해 자동으로 고객 등급을 조정해나가는 방식이다.

좀 더 알기 쉽게 이야기하면 '최근에 구매했는가?', '요즘 구입 빈도는 어떤가?', '과거에 얼마나 구매했는가?'라는 3가지 기준으로 고객을 분류한 후 이를 토대로 다음 구매 시에는 어느 정도의 금액을 소비할 것인지를 예측하는, 고객 생애 가치를 베이스로 한 고객 세분화 방법 중 하나이다.

그런데 여기서 우리가 잊지 말아야 할 것이 있다. 우리의 목표는 소개·입소문 강화라는 점이다. 단순히 재구매 고객을 늘리기 위함이 아니다. 고객 관리의 기준 축 그 자체가 변하는 것이다.

소개 전략에서 판단 기준이 되는 것은 '소개 의향(소개 실적과 추천도)', '만족도', '최근 접촉'이다. 최근 접촉과 최근 구매일만 의미상 겹칠 뿐 판단하는 지표 자체가 달라진다.

소개 전략에서는 만족도 외에 또 다른 지표로서 소개 의향이라는 지표를 사용하는데, 소개 의향은 다시 2가지 시점으로 나뉜다. 하나는 '과거의 소개 실적'이고 다른 하나는 '추천도'이다. 소개를 강화시키기 위해서는 이 2가지를 파악할 필요가 있다.

소개 의향과 만족도를 굳이 같은 축에 놓고 비교해보면 다음과 같이 배열할 수 있으며, 왼쪽에 위치한 지표일수록 중요도가 높다.

소개 실적〉(추천 행동)〉추천도〉만족도(종합만족도)〉만족도 요소

※ 추천 행동: 고객이 자사를 주위에 소개하는 행동

※ 추천도: "당사 제품·서비스를 주위 사람들에게 추천하겠습니까?"라는 질문에 대한

답을 집계한 것

※ 만족도 요소: 만족도를 구성하는 평가 요소(질, 가격, 제공 스피드 등)

예를 들어 만족도는 높은데 소개가 전혀 발생하지 않는 회사가 있다면 그 이유는 무엇일까? 여기에는 2가지 가능성이 있다. 하나는 단순히 만족하는 사람은 많지만 '매우 만족'하는 사람이 없기 때문이다. 이때 한 단계 더 높은 수준의 만족도를 제공하지 못하면 소개는 좀처럼 발생하지 않는다.

또 하나는 아직 소개 어프로치 방법이 확립되지 않았기 때문이다. 회사가 소개를 자연발생적인 것으로만 생각하고 조직 차원에서 도입하기를 꺼리는 게 원인일 것이다.

처음에 나온 '소개 실적'이란 간단히 말해 과거에 '소개 실적을 올린 적이 있는지'를 따지는 지표다. 만약 고객이 100명 있다면, 그중 몇 명이 실제 소개 활동을 해주었는지를 사람 수로 나타낸 것이다.

예를 들면 추천도와 만족도가 모두 높은 100명의 고객이 있는데 소개 실적이 20명이라고 가정해보자. 그런데 같은 20명이라고 해도 '고객 1명이 20명을 소개'한 경우와 '고객 20명이 지인 1명씩을 소개'한 경우는 의미하는 바가 전혀 다르다.

즉, 고객 1명이 20명 모두를 소개했다면 나머지 19명의 소개 실적이 '0'일 터이고, 이는 결국 조직이 한 일은 아무것도 없다는 의미가 된다. 우연히 슈퍼 고객이 나타나 소개·입소문으로 좋은 결과를 내주었을 뿐이다.

기업 입장에서 소개 전략이 제대로 기능해 소개 실적이 올라가기 위해서는, 이런 슈퍼 고객의 출현보다는 20명이 1명씩이라도 좋으니 누군가를 소개하고 그 결과 소개 실적이 20건이 되는 형태가 더 바람직하다. 20명이 1명씩 소개했다는 이야기는, 전사적으로 어프로치 활동을 추진한 결과 우연히 소개 실적을 올린 고객뿐 아니라 그 나머지 고객들도 지속적으로 소개 활동을 하고 있다는 사실을 반영하고 있기 때문이다.

그러므로 전체 고객 중에 소개 실적이 있는 사람은 몇 명이며 차지하는 비율은 어느 정도인지를 회사 차원에서 지표로 파악해두는 것이 더더욱 중요하다.

실제로 소개 활동을 관리할 때는 두 번째에 있는 '추천 행동' 데이터도 수집한다. 하지만 상대가 추천 행동을 하는지 안 하는지를 회사가 관리하는 것 자체가 현실적으로 곤란하기 때문에 영업 담당자가 파악해두는 정도만으로도 충분하다.

'만족도 요소'는 기업에 따라 다르다. 예를 들면 상품·서비스의 '질', '가격', '제공 스피드' 등이 있다. 통상 만족도 요소가 5개일 경

## DATA 4-2 고객의 소개 의향과 만족도

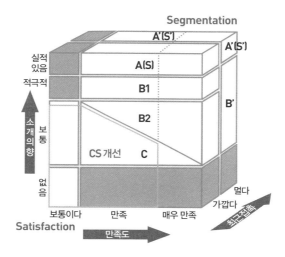

우 4개 이상 만족이면 '매우 만족' 수준이라고 본다. 반대로 5개 중 2~3개만 만족일 경우는 '보통' 수준이다. 만족도 요소는 종합 만족도 평가의 기준이 되기 때문에 어느 정도 정량적으로 측정해야 한다. 그렇지 않으면 막상 고객 만족도를 매우 만족 내지 만족으로 끌어올리기 위한 방법을 강구하고자 할 때 정확한 기준을 찾지 못해 곤란한 상황이 벌어질 수도 있다.

'소개 의향', '만족도' 지표를 수집해두면 실제로 고객을 분류하는 작업은 그리 어렵지 않다. 여기에서는 '소개 의향'과 '만족도'라는 2가지 관점만으로 고객을 등급에 따라 분류한 사례를 소개하고자 한다.

　DATA 4-3은 단순히 고객을 몇 개의 집단으로 나누기 위해 사용한 등급 분류 패턴이다. 예를 들어 과거에 소개 실적이 있으면 바로 고객 분류 가운데 가장 가치가 높은 '등급 I'로 분류된다. 소개 실적은 없지만 추천 의사를 묻는 질문에 자신 있게 '추천한다'고 대답한

● DATA 4-3 고객 등급 분류 ●

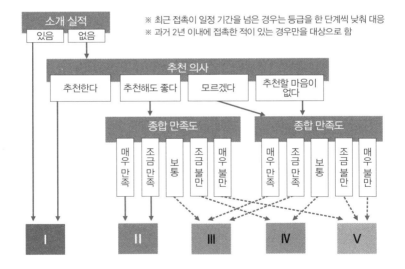

　　　　　　　　　　　　　　　　　　　　　　　　　　　　　　　**경영 전략으로서의 영업**

경우도 등급 I이다. 한편 '추천해도 좋다'고 답했다면 이번에는 만족도로 넘어가 판단하는데 '조금 만족'일 경우 이 고객은 등급 II로 분류되는 식이다.

가령 고객이 1,000명 있다고 해도 이 정보만 있으면 순식간에 5개 등급으로 나눌 수 있다. 물론 어디까지를 등급 I로 볼 것인가에 대한 기준은 기업에 따라 약간씩 차이가 날 수 있다. 기업의 기준이 너무 모호해도 정확한 분류가 불가능할 것이고, 반대로 너무 상세해도 시간과 비용 면에서 효율적이지 못할 것이다.

DATA 4-4는 각각의 등급에 속한 인원이 몇 명이고 차지하는 비율은 어느 정도인지를 정리한 표이다. 단, 이 데이터에는 '최근 접촉

● DATA 4-4 고객 등급별 인원과 비율 ●

|         | 인원수 | 비율 |
|---------|--------|------|
| 등급 I   | 206    | 31%  |
| 등급 II  | 228    | 34%  |
| 등급 III | 80     | 12%  |
| 등급 IV  | 88     | 13%  |
| 등급 V   | 64     | 10%  |
| 합계     | 666    | 100% |

일'이라는 축이 빠져 있다. 예를 들어 과거에 소개 실적이 있고 추천 의사도 상당히 높지만 최근 접촉일이 5년 전이라면, 이 고객은 더 이상 유효 고객이라고 할 수 없다. 이 데이터는 '과거 2년 이내에 접촉한 적이 있는 고객을 대상으로 한다'는 전제 하에 봐주길 바란다. 그리고 접촉 기간이 꽤 오래된 고객은 어느 일정 기준에 따라 등급을 하향 조정하는 케이스도 있다.

## 고객 분류는 회사가 관리

고객의 의견을 바로 들을 수 있는 CS 설문지는 소개 전략에서 반드시 필요한 자료이다. 저빈도 상품의 경우 CS 설문지 조사를 통해 소개 활동의 기본이 되는 자료들을 모을 수 있을 뿐 아니라 발굴 루트나 구매 결정 요인도 명확히 파악할 수 있다.

그런데 고빈도 상품을 취급하는 회사 중에는 추천도는커녕 만족도조차 조사하지 않는 곳도 있는 실정이다. 그 배경에는 지속적인 구매는 높은 만족도의 반영이라는 판단과 함께 그래서 굳이 실시할 필요가 없다는 잘못된 인식이 깔려 있다. 구매 빈도도 잦은데 매번 구매할 때마다 설문지 조사를 실시했다가는 끝이 없다는 식의 체념도 생길 것이다.

하지만 앞에서 여러 차례 살펴보았듯이 최종 목적지가 '고객 소개 가치 경영'이라면 '구매 지속' 정도의 정보만으로는 충분하지 않다. 첫 구매 혹은 또 다른 적절한 타이밍에 CS 설문지 조사를 정기적으로 실시하는 게 필요하다.

여기서 'CS 설문지 조사를 한다'는 말은, 기업이 고객 정보를 영업 담당자 개인 관리 하에 두지 않고 회사 관리 하에서 체계적으로 운용함을 의미한다.

B2B 회사 중에는 아예 CS 설문지 조사를 하지 않는 회사도 많다. 그래서 소개·입소문 강화에 들어가기에 앞서 CS 설문지 조사를 먼저 해서 현상을 파악하는 일이 꽤 많다.

어느 시스템 개발 회사에서 영업 담당자에게 "(거래처는) 당신 회사에 얼마나 만족하고 있나요?"라고 물었더니 "몰라요. 하지만 정기적으로 거래는 하고 있어요"라고 대답했다. "그러면 고객이 당신 회사에 불만이 있어도 거래를 끊기 전에는 뭐가 불만인지도 모르겠군요?"라고 되물었더니 그는 더 이상 대답하지 못했다.

흔히 고객은 회사의 자산이라고 말한다. 그렇다면 당연히 회사와

## ● DATA 4-5 고객 만족 설문지 조사 항목 예 ●

① 종합 만족도

② 업무 공정별 만족도

③ 만족도 요소(개별)

④ 구매 결정 요인

⑤ 접촉 루트

⑥ 소개·입소문 실적

⑦ 추천도

⑧ 추천 후보(※)

⑨ 네트워크 보유도(※)

⑩ 속성 정보(※)

※ 표시는 필요에 따라 첨삭한다

관련된 고객 정보 역시 회사의 자산이다. 따라서 회사가 그 자산을 얼마나 보유하고 있는지 반드시 파악해두어야 할 것이다. 그렇지 않으면 아무리 멋진 소개 전략을 세운다 한들 미래의 잠재 고객이 어디에 어떤 형태로 잠들어 있는지, 예상되는 숫자는 어느 정도인지도 모른 채 여기저기 쫓아다니기만 하는 꼴이 될 수도 있다.

예를 들어 회사에 대한 만족도가 높은, 이른바 등급 I 고객을 다수

보유한 회사가 있다면, 이 회사는 소개 건수를 늘릴 기회가 무궁무진하다. 잠들어 있는 자산이 많은 상태이기 때문이다. 한편 만족도는 높지만 등급 I에는 미치지 못하는 등급 II 고객이 대부분인 회사라면, 소개 건수가 늘어나기까지 조금 시간이 걸릴지도 모른다. 전사적 차원에서 소개를 추진할 계획이라면 이러한 차이는 회사 방침을 결정하는 중요한 계기로 작용할 것이다.

그렇다면 CS 조사를 하지 않는 회사는 어떻게 운영되고 있을까? 만족도 파악은 영업 담당자나 접객 담당자에게만 맡긴 채 회사는 오로지 감으로만 운영하는 경우가 대부분이다. 자신의 고객은 분명히 만족하고 있을 것이라는 근거 없는 착각에 빠져 그때그때 상황에 맞춰 대응하는 식이다. 이럴 때는 고객의 반응을 자신에게 유리한 방향으로만 해석할 위험이 있다. 또 이러한 감은 아무와도 공유할 수 없기 때문에 수치화할 수도 없고 집계할 수도 없다. 결국 위험한 악순환이 계속될 뿐이다.

# 등급 분류를 참고해
# 활동 우선순위를 세우자

●● 　　고객 분류를 해두면 실제 업무에도 많은 도움이 된다. 예를 들어 소개 활동 촉진 이벤트를 열기로 계획했다면, DM 발송은 누구를 대상으로 어느 선까지 보낼 것인가를 정해야 한다. 또한 기존 고객에게 소개 활동을 의뢰하기에 앞서 고객 한 명에게 들어가는 시간과 비용 규모를 계산해야 할 때도 있다. 이럴 때 고객 분류 데이터가 있으면 바로 계산해서 업무에 적용할 수 있기 때문에 매우 유용하다.

예를 들어 연간 1억 원의 예산을 들여 소개 촉진 활동을 해야 한다면, 당신은 어떤 고객에게 얼마를 사용하겠는가? 여기서 앞에서 다루었던 고객 등급 데이터를 기억해보자.

우선 고객 총 666명에게 똑같이 15만 원씩 쓰는 방법을 생각할 수 있다. 하지만 넓고 얕게 모두에게 똑같이 쓰는 방법은 그다지 성과가 없다. 효율적으로 성과를 올리는 회사라면 등급 III 이하 고객은 과감히 버리고, 등급 I과 등급 II 고객에게 집중적으로 분배하는 선택과 집중이라는 방법을 쓸 것이다.

이 방법은 누구나가 쉽게 생각할 수 있는 것 같아 보인다. 하지만 등급 분류가 되어 있지 않은 상태에서는 애당초 분배의 효율성 자체가 보이지 않는 법이다.

DATA 4-6을 통해 실무에서 비용 분배 사례를 구체적인 어프로치 방법과 비교하며 살펴보자.

● **DATA 4-6 등급별 비용 이미지** ●

| 등급 | 등급Ⅰ | 등급Ⅱ | 등급Ⅲ | 등급Ⅳ | 등급Ⅴ | 합계 |
|---|---|---|---|---|---|---|
| 리스트 수 | 206 | 228 | 80 | 88 | 64 | 666 |
| 어프로치 방법 | 격주·직접 접촉 고객 이벤트 초대 | 월 1회·직접 접촉 고객 이벤트 초대 | 월 1회 접촉 (직접·간접) | 격월 접촉 (직접·간접) | 연 2회 자료 송부 | |
| 1리스트당 판촉비용 | 5,000 | 5,000 | 2,000 | 2,000 | 2,000 | |
| 1리스트당 영업비용 (원) | 24,000 | 12,000 | 7,500 | 3,750 | 0 | |
| 1리스트당 비용(원) | 29,000 | 17,000 | 9,500 | 5,750 | 2,000 | |
| 총비용 (원) | 5,974,000 | 3,876,000 | 760,000 | 506,000 | 128,000 | 11,244,000 |
| 소개 발생률 | 45% | 20% | 10% | 5% | 1% | |
| 소개 수 (건별) | 92.8 | 45.6 | 8.0 | 4.4 | 0.6 | 151.3 |
| 1소개 비용(원) | 64,440 | 85,000 | 95,000 | 115,000 | 200,000 | |

등급 I로 분류된 고객 리스트 1개당 판촉+영업 코스트는 월 2만 9,000원, 연간 34만 8,000원이다. 등급 V로 내려가면 월 2,000원, 연간 2만 4,000원 정도 된다. 어프로치 내용과 빈도를 보면 알 수 있듯이 리스트 1개에 투입되는 영업 코스트는 상위 등급으로 갈수록 많아진다. 또 과거 경험치에 근거한 소개 발생률을 적용시키면 가망 소개 건수를 계산할 수 있다. 이를 이용해 소개 1건당 들어가는 예상 비용도 알 수 있다. 참고로 판촉비용은 광고비 등 판매 촉진을 위해 실제 소비된 비용을 말하며, 영업비용은 영업 담당자의 시간을 비용으로 환산한 것을 가리킨다.

다시 한 번 데이터를 보자. 리스트 1건당 소개비용이 등급 I은 약 6만 5,000원, 등급 II는 8만 5,000원이다. 그런데 놀라운 것은 등급 V는 약 20만 원이라는 점이다. 어느 정도 등급이 높은 고객에게 우선적으로 판촉·영업비용을 분배했음에도 이렇게 큰 효율성 차이가 발생한다. 만약 모든 고객에게 똑같이 예산을 분배했다면 어떻게 됐을까? 그것이 얼마나 어리석은 행위였을지 더 이상 말하지 않아도 알 수 있을 것이다. 또한 비용과 노력을 상위 등급에 집중적으로 분배하는 것이 얼마나 중요한지도 충분히 이해했을 것이라 믿는다.

여기서는 알기 쉽도록 비용에 관한 이야기를 했지만, 실제 현장에서는 소개와 관련된 인원을 어떻게 분배할 것인가에 대한 문제도 발생한다.

예를 들어 영업 담당자가 10명이 있는데 소개 활동에 쓸 수 있는 시간은 1주일에 3일이라고 하자. 10인×3일=30인(일). 영업 담당자 1명이 하루 방문 가능한 고객사 수가 2개사라고 하면 10명의 영업 담당자가 하루에 약 60개사(월 240개사)를 방문할 수 있다는 계산이 나온다. 이때 등급 분류 데이터를 참고하면 어느 등급까지 영업 방문이 가능한지를 알 수 있다. 만약 1달 동안 활동한다고 하면 총 240개 리스트 정도밖에 방문할 수 없다. 240개는 등급 I의 206개사와 등급 II의 극히 일부분을 합친 숫자다.

또 예를 들어 B2B 영업의 일환으로 담당자가 연말연시에 인사차 고객을 방문해야 하는 상황일 때도 고객을 등급별로 분류한 후 반드시 가야 할 곳부터 우선적으로 가는 것이 바람직하다. 좀 더 극단적으로 말하자면 등급 I과 등급 II를 제외한 나머지 고객에게는 소개 전략을 추진하지 않아도 된다는 말이다.

고객을 등급에 따라 분류해두면 조직이 언제, 어디에, 어느 정도의 비용을 투입해 어프로치해야 할지를 계산하고 파악할 수 있기 때문에 더욱 효율적인 영업 활동을 기대할 수 있다.

만약 등급 분류가 되어 있지 않다면 넓고 얕게 무조건 부딪쳐보는 식의 활동밖에는 할 수 없다. 하지만 아무런 틀도 기준도 없는 프로젝트가 성공할 리 만무하다. 성공으로 가는 지름길은 다름 아닌 선택과 집중, 그리고 완급을 조절하는 능력이다.

---

⊙ **정리**

● 고객 세분화의 목적은 '소개 강화를 위해 필요한 고객을 선정하는 것'이다.

● '소개 의향(소개 실적과 추천도)', '만족도', '최근 접촉'을 기준으로 고객을 분류한다.

● CS 설문지 조사를 활용하면 고객 관계와 관련된 정보를 회사 자산으로 축적할 수 있다.

● 고객을 등급에 따라 분류함으로써 비용과 시간에 맞는 적절한 소개 활동을 추진할 수 있다.

# 초우량 고객을 어떻게 만들 것인가

- 4S 그 두 번째 S:
  고객 만족Satisfaction

- 소개 의향과 상관관계가
  높은 요소를 파악한다

- 만족도 곡선을 설계한다

- 커뮤니티 구축과
  타깃 매트릭스

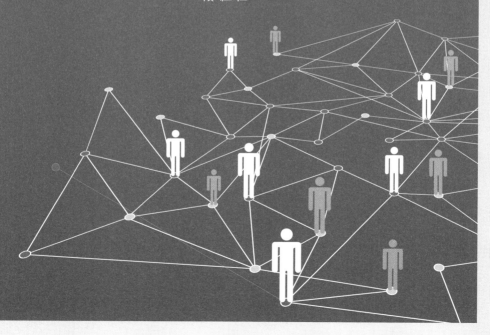

customer referrals
+
recommendations

## 4S 그 두 번째 S:
# 고객 만족Satisfation

●● 　　앞의 4장 고객 세분화에서는 소개 전략을 위한 첫 번째 단계로서 기존 고객을 분류하는 방법에 대해 생각해보았다. 다음 단계에서는 높은 소개 성향을 지닌 최상위 S등급의 우량 고객을 창출하기 위해서는 어떻게 해야 하는지, 그리고 보통 수준의 고객을 S등급까지 끌어올리기 위한 방법은 무엇인지에 대해 생각해보자. S등급 비율이 높아지면 높아질수록 회사 자산도 늘어날 것이다.

# 소개 의향과 상관관계가 높은 요소를 파악한다

●● 　　어떻게 하면 추천도가 높은 고객을 많이 창출할 수 있을까? 소개 전략을 모색할 때 가장 고민하는 문제가 아마 이것일 것이다. 이 문제에 대한 답을 찾고 싶다면 기업은 먼저 '추천도에 가장 크게 영향을 미치는 요소가 무엇인지'를 명확히 파악해야 한다.

B2C 기업의 경우 중요 요소로서 '만족도 요소', '연령', '연수입', '접촉 루트' 등을 생각해볼 수 있다. 그리고 각 항목이 추천도와 어떤 관계가 있는지 분석하고 찾아가는 과정이 필요하다.

어느 회사에서 이런 분석을 해보니, 회사와의 첫 접촉 루트가 소개·입소문인 사람은 그렇지 않은 사람에 비해 비교적 추천도가 높다는 사실을 알 수 있었다. 이 분석 결과는 중요한 사실을 알려준다. 타인의 소개나 입소문으로 사물을 판단하는 사람은 자신도 그러한 활동을 하는 데 저항감이 없다. 따라서 다른 사람을 소개해서 회사로 이끌어 올 확률이 높다. 당연한 소리로 들릴 것이다. 하지만 이렇게 추천도가 높은 고객을 구별하기 위해 고객 등급을 분류할 때 접촉 루트까지 반영하고 있는 기업은 실제로 많지 않다.

## ● DATA 5-1 하키 스틱 모델 ●

경쟁이 치열한 업계에서 소비자 만족의 정도와 로열티의 관계도

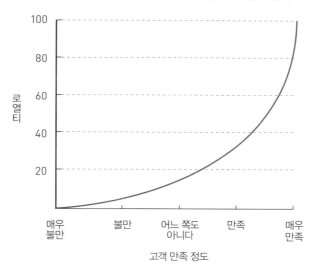

* 출처: 「커스터머 로열티 경영」 p.107

참고로 첫 접촉 루트가 소개·입소문인 고객은 계약 한 건으로 끝
나지 않을 확률이 높다. 그러므로 회사는 더더욱 이들의 잠재 가능성
을 중요하게 여겨야 한다. 한 차원 높은 서비스와 남다른 영업 마인드
로 응대해야 한다.

다음으로 만족도와 추천도의 관계를 살펴보자. DATA 5-1의 그림

(하키 스틱 모델)은 '고객 만족도와 재구매율의 관계'를 나타낸 것이다. 아이스하키 스틱 모양과 닮았다고 해서 '하키 스틱 모델'이라 불린다. 이 그래프를 보면 고객 만족도와 재구매율의 관계는 '매우 불만'에서 '만족'까지는 완만히 상승하다가 '매우 만족'에 이르면 급격히 상승하는 것을 발견할 수 있다. 이것은 고객 생애 가치에서 '매우 만족'이 얼마나 중요한지를 보여주는 대목이다.

DATA 5-2는 어느 B2B 기업의 데이터인데 가로축은 만족도, 세로축은 소개 의향(추천도)을 나타낸다. 여기서도 '만족'까지는 20%를

● DATA 5-2 B2B 비즈니스의 만족도와 소개 의향의 관계(A사 사례) ●

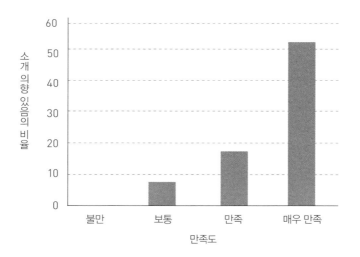

경영 전략으로서의 영업

밑돌던 수치가 '매우 만족'을 넘는 순간 갑자기 53%로 치솟아 하키 스틱 모델과 마찬가지의 모습을 보인다. 이 회사는 이 데이터를 통해 '매우 만족'의 중요성을 더 강력히 인식하게 되었다.

이 회사가 앞으로 고객의 추천도를 높이려면 '만족'이 아니라 '매우 만족' 고객에게 더 주목해야 할 것이다. 만족 성향의 고객만 분석해서는 가장 중요한 소개·입소문은 발생하지 않는다. 소개 전략을 수행하기 위해서는 '매우 만족' 성향의 고객이 구체적으로 어떤 점에 '매우 만족'했는지, 그리고 거기에 어떤 특성이 있는지를 살펴볼 필요가 있다.

다음 사례를 통해 살펴보자. DATA 5-3은 어느 주택 판매 회사의 설문지 항목이다. 이 회사에서는 주택을 구입한 고객에게 "우리 회사 상품의 어떤 점에 만족했나요?"라는 질문의 설문지 조사를 하고 있다. 본래 항목이 20개 정도나 되는 꽤 세부적인 내용의 설문지인데, 어느 항목 포인트가 높을 때 소개 의향이 높아지는지를 통계로 검증하고 있다.

그런데 이 회사가 설문지 조사를 계속하면서 알게 된 것이 있다. 다음 약 20개 항목 중 특정 3개 항목에서 최고 등급인 '매우 만족' 평가를 받지 못하면 좀처럼 '적극적으로 소개하고 싶다'는 소개 의향으로 발전하지 않는다는 사실이다. 가령 다른 항목에서 '매우 만족'이라고

## DATA 5-3 어느 주택 판매 회사의 사례

〈만족도 요소에 관한 설문지 조사 항목〉

| | | |
|---|---|---|
| 외관 | 방음 정도 | 공사 대응 |
| 넓이 | 수납 | 공사 기간 |
| 설비 | 컬러 코디네이트 | 서비스 연계 |
| 채광 | 영업 담당자의 대응 | 회사 이미지 |

소개 의향과 가장 상관관계가 높은 항목을 가려내기 위해
상관분석 및 회귀분석을 실시

【기본 데이터】　　　　　【상관분석】　　　　　【회귀분석】

〈소개 의향과 가장 상관관계가 높았던 항목〉

① 넓이　　　② 컬러 코디네이트　　　③ 영업 담당자의 대응

위 세 항목이 모두 최고 평가를 받지 않으면
'꼭 소개하고 싶다' 이상의 평가를 받기 어렵다

느꼈어도 이 3개 항목이 '만족'일 경우 추천도가 높아지지 않았다. 여러 소개 전략 방법으로 조사해봤지만, 결국 이 3개 항목에 공들여 대응하지 않으면 소개로 이어지지 않음을 재차 확인했다.

상품의 질을 높이는 것은 필수 조건이다. 하지만 시간도 비용도 무한하지는 않다. 이 회사는 다음과 같은 내용의 설문지 조사를 함으로써 그 주력 대상을 좁힐 수 있었다.

설문지 항목에 포함되어 있는 '컬러 코디네이트'에 대해 생각해보자. 주택의 기본 성능이 좋은지 어떤지는 구입 후 바로 알 수 없다. 하지만 내장 컬러 코디네이트의 세련 여부는 한눈에 알 수 있다. 특히 여성에게는 집의 인상을 좌지우지하는 중요한 기준이 된다. 게다가 세련된 컬러 코디네이트는 사람들의 칭찬을 부른다. 칭찬을 받으면 만족도도 높아지기 마련이다. 이때 고객은 '이 회사를 선택하길 잘했어' 또는 '담당자에게 이것저것 상담해보길 잘했어'라는 생각이 든다. 추천 의향도 덩달아 높아진다. 따라서 컬러 코디네이트에 대한 만족도가 높으면 소개로 이어질 확률이 높아진다.

주택은 저빈도 상품이자 고액 상품의 대표주자다. 기본적으로 여러 번 구매하거나 재구매할 확률이 적기 때문에 본질적으로 소개 발생에 힘을 쏟는 업종이다. 이 회사에서는 설문 조사 분석 결과를 바탕으로 여러 번 수정을 거듭한 끝에 소개 전략을 위한 플랜을 수립

했다.

이 회사는 원래부터 고객이 컬러 코디네이터와 상담하는 시간을 가져왔다. 그런데 총 20시간 정도의 상담 시간 중 컬러 코디네이트에 대해 상담하는 시간을 대폭 늘릴 필요가 있다고 판단하게 되었다.

고객과의 상담 시간을 배분할 때 추천도와 상관관계가 높은 포인트를 중심으로 시간을 활용하면 집이 완성되었을 때 주위에 소개할 가능성도 분명히 높아질 것이다. 포커스를 맞춰야 할 포인트를 정해 두는 것, 소개 고객을 늘리고 싶다면 꼭 명심해야 할 사항이다.

이번에는 B2B 기업의 사례를 살펴보자. DATA 5-4는 총 144명에게 고객 설문지 조사를 한 결과이다. 전체적인 종합 만족도는 '품질'이 3.50, '담당자의 대응'이 4.47, '납기'가 3.67이었다.

종합 만족도 5(매우 만족)가 나온 40건의 데이터를 살펴보면 '품질'이 4.10이고 특히 '담당자의 대응'은 4.78로 꽤 높은 수치를 보였다.

여러 소개 전략 관점에서 분석한 결과, 이 기업이 종합 만족도를 만족도 4(만족)에서 만족도 5(매우 만족)로 끌어올리고자 한다면, 사실 가장 주력해야 하는 항목은 다름 아닌 '품질'임을 알 수 있다.

'담당자의 대응'이나 '납기' 만족도도 올리면 좋겠지만 이들 수치는 기본적으로 높다. 그러므로 이 2가지를 강화시킨다고 해도 실제로 눈에 띄는 변화는 없을 것이다. 한편 '품질'은 각 단계별 차이가 크

## ● DATA 5-4 만족도 요소의 분석 사례 ●

| 종합 만족도 | 데이터 수 | 항목 | 품질 | 영업 담당자의 대응 | 납기 |
|---|---|---|---|---|---|
| 만족도 5 | 40 | 평균점 | 4.10 | 4.78 | 4.00 |
| 만족도 4 | 85 | 평균점 | 3.39 | 4.48 | 3.69 |
| 만족도 3 이하 | 19 | 평균점 | 2.79 | 3.71 | 3.70 |
| 전체 | 144 | 평균점 | 3.50 | 4.47 | 3.67 |
| | | 표준편차 | 0.85 | 0.63 | 0.89 |

〈포인트〉
① '종합 만족도 5'의 기준치를 안다
② '종합 만족도' 5와 4의 차이를 안다

다. 따라서 이 회사는 고객을 품질로 만족시키기 위한 노력을 우선적으로 해야 한다. 그러지 않는다면 아무리 담당자가 뛰어난 접객을 한다 해도 종합 만족도는 좀처럼 변하지 않을 것이다. 다시 말해, 전체적으로 요소별 만족도 수준이 높기 때문에 특별히 '품질'에 대한 강렬한 감동이 없는 한 종합 만족도 5가 나오기는 좀처럼 어려워 보인다.

한편 '담당자의 대응'이 평균치를 밑돈다면 이는 클레임의 원인(종합 만족도 3 이하)이 된다. 클레임은 고객과의 일상 커뮤니케이션에서 당연히 제공되어야 할 것들이 담당자의 자질 부족으로 잘 이루어지지 않았을 때 발생한다. 만일 이런 경우가 발생했다면 철저한 지도가 이루어져야 한다. 단, 담당자의 대응 수준이 일정 레벨을 유지하게끔 독려할 필요가 있지만, 여기에만 과하게 매달릴 필요는 없다. 이 부분의 평균점이 어느 정도냐에 따라 다르겠지만 만족도 4를 넘는다면 우선 합격이다.

사실 회사 목표가 '종합 만족도 4' 정도라면 위에서 언급한 대책까지 고려하지 않아도 된다. 하지만 회사 전체가 종합 만족도 5를 목표로 움직이기로 작정했다면, 이 기업은 '매우 만족' 고객을 늘려 소개·입소문 창출을 늘리고 싶을 것이다. 그렇다면 회사는 종합 만족도 4를 5로 늘리기 위해 어떤 노력을 해야 할지에 대해 고민하고 시간과 비용을 들여 실행해야 한다. 서비스를 설계할 때 종합 만족도의 목표 레벨을 반드시 결정해야 하는 이유가 바로 여기에 있다.

한편 비교적 저가 상품을 메인으로 판매하는 기업 등의 경우도 품질 향상을 위해 상당한 시간과 비용을 쏟을 필요가 있을까 하는 의문이 생길 수 있다. 하지만 대답은 'No'이다. 인터넷을 통한 박리다매가 목적인 기업이 품질·서비스 모두를 '매우 만족'으로 끌어올리기 위해 노력할 필요는 없다고 생각한다.

# 만족도 곡선을
## 설계한다

●●     소개 활동을 부탁받은 고객이나 기업이 능동적으로 소개 행동에 나설 수 있게 만드는 타이밍이 있다. 바로 만족도나 관심도가 최고조인 순간이다. 이 사실은 기업은 반드시 '고객의 만족도나 관심도가 최고조인 타이밍'에 '누군가를 소개해야겠다고 마음먹을 기회, 즉 고객의 소개 행동을 부채질하는 기회를 제공해야 함'을 시사한다.

예를 들면 앞에서 살펴본 만족도나 추천도 설문지 조사도 조사를 실시하는 타이밍이 매우 중요하다. 서비스 제공 후 바로 실시한 설문지 조사에서 '매우 만족'이라고 답한 사람에게 2년 뒤에 똑같은 설문지를 보내봤자 예전과 같은 대답이 돌아오지 않을 것이다. 기간이 너무 벌어지면 내용도 잊어버리고 관심도도 떨어지기 때문이다. 이럴 경우 설문지 조사 결과에 대한 좋고 나쁨의 판단도 모호하다. 많은 회사가 서비스 제공 후 한 달 안에 설문지 조사나 전화 조사를 실시하는 것도 바로 이 때문이다.

DATA 5-5에서 알 수 있듯이 만족도나 관심도에는 높낮이가 있다.

# ● DATA 5-5 시간 경과에 따른 고객 만족도 추이 ●

● DATA 5-5a B2B의 경우

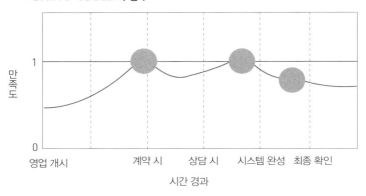

● DATA 5-5b B2C의 경우

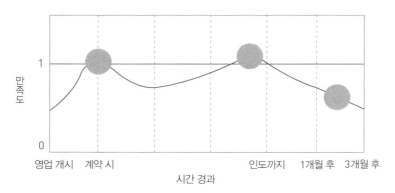

경영 전략으로서의 영업

기업은 되도록 '매우 만족' 타이밍이 앞쪽에 오도록 유도하는 것이 좋다. 고객과의 접점이 아직 남아 있을 때 '매우 만족' 상태가 유지되면 소개 부탁을 시도하기가 훨씬 수월하기 때문이다. 다시 말해, "쓰면 쓸수록 상품이 더 좋은 것 같아요"라는 말에 취해 있을 게 아니라, 초반 전력질주로 승패가 가려지게끔 초기 단계에서 명쾌한 액션을 취해야 한다. 일찌감치 고객 만족을 창출해내는 것이 효과적이다.

시스템 개발을 하는 B2B 기업의 경우를 예로 들어보자. DATA 5-5a는 기업 내 시스템을 구축하는 IT계 회사의 고객 만족도 추이를 나타낸 것이다. 일반적으로 고객 만족도가 높아지는 포인트가 3번 있다.

첫 번째는 '계약 직후'이다. 영업을 시작해서 계약이 성사되기까지는 적어도 1개월에서 반년 정도 걸리는 게 보통이다. 수많은 경쟁 회사들 가운데 긴 시간을 들여 고심에 고심을 거듭한 끝에 선택한 회사인 만큼 그 회사에 대한 만족도와 관심도가 높은 상태인 경우가 많다.

그다음은 '시스템이 완성됐을 때'이다. 시스템 제작에는 상당히 긴 시간이 소요된다. 계약한 뒤 납기까지 1년 이상 걸리는 경우도 허다하다. 그 과정 속에서 몇 차례 회의도 하고 진척 상황을 보고하는 등 우여곡절이 많다. 그래서 아무래도 만족도는 떨어질 수밖에 없다. 그랬다가 마침내 시스템이 완성되면 만족도는 다시 한 번 올라간다. 작업을 함께 완성했다는 공동 성취감도 만족도 점수를 올리는 한 요인이다.

그 후 수개월 동안은 점검 기간이 이어진다. 미세한 조정을 하거나 버그가 없는지를 체크하거나 시스템을 설명하는 기간이다. 그러다가 모든 것이 완전히 의뢰 회사로 넘어가는 '최종 확인 종료 후'에 다시 한 번 만족도가 올라간다.

만족도 추이 곡선에 비추어봤을 때 시스템을 파는 쪽은 '계약 직후', '시스템이 완성됐을 때', '최종 확인 종료 후' 이 세 시점을 절대 놓쳐서는 안 된다. 이 시점이야말로 고객의 소개 행동을 유발시킬 수 있는 최적의 타이밍이기 때문이다.

따라서 납기 후에 처음으로 소개 부탁 활동을 시작한다면 그것은 타이밍을 잡는 데 완전히 실패한 것이다. 소개 어프로치는 반드시 초기 단계에서 이루어져야 한다.

한편 고액 상품을 취급하는 B2C 기업의 경우 고객 만족도를 높이기 위해 물건을 건넬 때 작은 이벤트를 준비하기도 한다. 예를 들어 자동차의 경우 납품일에 자동차 열쇠를 그냥 건네지 않고 꼼꼼히 계산된 연출을 한다.

할리데이비슨의 경우 특설 무대를 설치해서 오토바이에 올라탄 자기 모습을 거울에 비춰보게끔 한다. 오토바이에 올라탄 자신의 모습을 보고 싶어 하는 고객 심리를 이용한 작은 연출이라고 할 수 있다.

주택의 경우도 정식으로 양도식을 하는 경우가 많다. 이때 영업 담당자가 직접 써 온 편지를 읽거나 선물을 준비해서 전달하는 등의 이벤트를 회사에서 준비하기도 한다.

이러한 연출은 비용 대비 효과가 탁월하다. 예를 들어 선물로 케이크를 준비할 경우 5인 가족이면 약 2만 5,000원 정도가 든다. 그런데 주택이나 아파트 판매 업계에서는 유망 고객 리스트 하나를 손에 넣는 데에만 50만 원에서 100만 원 정도가 든다. 고가 아파트의 경우는 계약 1건 성사에 2,000만 원 정도 드는 경우도 있다고 한다. 그러니 소개로 찾아온 고객의 높은 계약 성사율을 고려하면 2만 5,000원을 투자해 100만 원 가치의 우량 고객 리스트를 손에 넣은 셈이라고 할 수 있다.

실제로 소개를 통해 좋은 성과를 올리고 있는 조직 입장에서 본다면 이 포인트에 시간을 투자하지 않는 일 따위는 생각할 수도 없는 일일 것이다.

생명보험 회사가 고객을 끌어들이는 효과적인 루트로 삼고 있는 것이 바로 소개이다. 그들의 영업 테크닉의 왕도는 '계약 직후에 소개를 의뢰하라. 아니면 소개 카드 작성을 부탁하라'이다.

생명보험의 경우 계약할 때를 제외하고 소개 타이밍 포인트가 2번

더 있다. 첫 번째는 계약 후 2주 정도 지났을 때이다. 이때는 상품에 대해 자세한 설명을 하거나, 관련 서류 대응을 해야 하기 때문에 고객과의 접점이 매우 많다. 두 번째는 사고 등 뭔가 문제가 생겼을 때다.

보험이라는 상품의 특성상 뭔가 문제가 생겨야 비로소 상품의 존재를 실감하게 된다. 담당자가 다른 모든 일정을 뒤로 미루고서라도 하루 내내 옆에 있어주거나, 자기 일처럼 이야기를 들어주거나 하면 만족도는 급상승한다. 소개 전략의 성공을 바란다면, 회사는 절대로 이 타이밍을 놓쳐서는 안 된다.

만족도가 높은 타이밍을 짚어내어 공략하는 방법은 고객 생애 가치적 관점에서도 매우 중요하다. 만족도가 높아지는 순간은 재구매나 소개와 관련된 화제를 꺼내기 쉬운 순간이기도 하기 때문이다.

영업 전략 회의 등에서 '기존 거래처에 상품을 더 납품하자'라는 안건이 나왔을 때, 이러한 시점으로 문제를 바라볼 수 있다면 의외로 쉽게 플러스알파를 얻을 수 있다.

무료 비즈니스가 고객에게 요금 지불을 요구하는 타이밍은 바로 이 '만족도가 올라가는 지점'이다. 예를 들면 휴대폰 무료 게임은 처음에는 무료이지만 고객이 '정말 재미있는데!'라고 생각하게 만든 후 '여기서부터는 유료입니다'라고 제시하며 비용을 부과하는 방식을 가지고 있다. 플레이어에게 '지금 재미있다'는 느낌은 '만족도가 높다'는 것과 마찬가지다. 이런 만족도가 높은 게임은 분명히 앞으로도 더 흥미진진해질 것이라고 기대하게 된다. 이런 미묘한 타이밍에 어프로치하기 때문에 유료임에도 구입하는 사람이 많다.

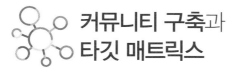

# 커뮤니티 구축과 타깃 매트릭스

## 1) 구체적인 사례 소개

### B2C 사례: 할리데이비슨의 가치

할리데이비슨은 '10가지 즐거움'을 제안한다. 타고 만들고 꾸미는 등 그들이 제안한 조금은 색다른 발상은 업계에 신선한 충격을 안겨주었다.

예를 들어 '타는' 즐거움을 제공하는 서클은 단순히 주행 거리를 경쟁하는 것이 목적이다. 오토바이 오너들이 정기적으로 모여 특정 기간 동안 얼마나 주행했는지를 겨룬다.

'만드는' 커뮤니티도 있다. 여기에서 만든다는 것은 오토바이를 커

## ● DATA 5-6 할리데이비슨의 10가지 즐거움 ●

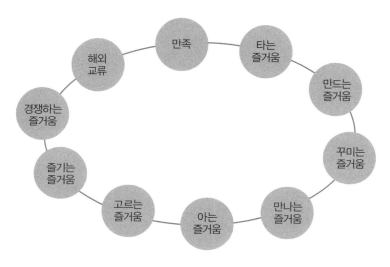

※ (주)할리데이비슨 재팬의 홈페이지를 참고해 작성

스터마이징한다는 의미다. 같은 취향을 가진 사람들이 모여서 부품을 자랑하거나 활발한 정보 교환을 한다.

'꾸미는' 서클은 타는 것보다도 바이크 슈트나 라이더 재킷, 헬멧, 셔츠 등에 더 신경을 쓰는 커뮤니티다.

또 '만나는' 커뮤니티에서는 3개월에 1번 정도 지역마다 큰 이벤트를 개최한다. BBQ 파티를 열기도 하고, 라이더라면 누구나 한 번쯤은

경영 전략으로서의 영업

동경했을 후지 스피드웨이를 통째로 빌려 행사를 개최하기도 한다.

이런 이벤트에는 당연히 할리 오너들이 참가한다. 그런데 오너들의 가족이나 친구 등은 물론 평소에 친분이 별로 없거나 업무상 인사만 나누는 사람에게도 부담 없이 권할 수 있는 개방된 모임이다. 따라서 초대받은 사람도 가벼운 마음으로 참가할 수 있다. 또 아직 할리 오너는 아니지만 할리를 동경하며 할리 오너를 꿈꾸는 사람에게는 처음으로 할리를 체험해볼 수 있는 기회도 되기 때문에 인기가 많다.

할리데이비슨 재팬의 전 대표이사인 오쿠이 토시후미奧井俊史가 쓴 『일본 할리데이비슨이 추구한 고객과의 '유대감' 만들기』라는 책을 보면, 이러한 커뮤니티 구축은 '할리데이비슨과 함께하는 생활 자체를 파는 마케팅'을 실현시키기 위함이었음을 짐작할 수 있다.

그는 "고객과의 관계성은, 기업이 브랜드(기업)의 역사와 전통을 고객과 공유하기 위한 체험을 지속적으로 제공하고, 그 감동 체험을 바탕으로 형성된 커뮤니티 안에서 성립되는 것"이라고 말한다. 커뮤니티가 고객과 기업의 유대감을 높이는 장場인 동시에 새로운 고객을 불러들이는 장이 되기도 하는 것이다.

할리데이비슨의 경우 수리·관리만 잘하면 20년 정도는 탈 수 있다. 저빈도 상품이면서 고액 상품인 만큼 웬만해선 신규로 2대를 구입하는 일이 잘 없다. 그래서 할리데이비슨은 이벤트를 개최하거나 커뮤니티를 구축함으로써 고객 본인뿐 아니라 그들의 아내, 자녀, 그리고 더 나아가 타사 오토바이 오너들에게도 소개·입소문 정보가 퍼져가도록 만드는 장치를 마련하고 있는 것이다.

오토바이는 이미 성장할 대로 성장한 산업이기 때문에 매출 역시 하향 곡선일 수밖에 없다. 실제로 일본 내 많은 오토바이 기업의 매출이 감소하고 있다. 기존 고객의 재구매로 근근이 버티고 있는 상황이 되어버린 것은 어쩌면 당연한 일이다.

반면 할리데이비슨 재팬은 신규 고객 유입을 목적으로 소개 구조를 구축한 결과, 고객 생애 가치뿐 아니라 고객 소개 가치를 노리는 구조로 탈바꿈되어 계약이 매년 증가하고 있다고 한다.

예전에 오쿠이 씨와 대화를 나눌 기회가 있었는데, 그는 "외국계 기업 일본대표에게 '성숙한 시장에서 매출 증가는 기대하기 힘들다'는 말 따위는 용납되지 않는다. 성장할 것인가, 아니면 해고될 것인가 Growth or Die. 외국계 기업에게 제자리걸음이란 없다"라고 단호히 말했다.

더는 성장의 여지가 보이지 않는 성숙 시장. 그렇다고 매출이 제자리걸음하는 걸 지켜보고만 있을 수도 없는 현실이다. 그렇다면 남은 방법은 역시 고객 생애 가치를 고객 소개 가치로 전환하는 길뿐이지 않을까?

## 2) 구체적인 사례 소개
### B2B 사례: IT 경영자 네트워크

이번에는 B2B 기업의 알기 쉬운 사례를 소개하고자 한다.

IT 시스템 회사인 B사에서는 신규 고객 확보를 위해 '고객 기업 네트워크'라는 커뮤니티 구축에 힘쓰고 있다. B사는 자사의 기존 고객 가운데 특히 관계가 돈독한 수십 개 회사를 회원으로 초대해 매년 6번 정도 전국 각지를 돌며 우량 기업을 시찰하는 활동을 전개하고 있다.

이 기업 시찰에는 매번 20~30개사가 참여하는데, 단지 시찰만 해서는 신규 고객을 확보할 수 없다는 판단 하에 참가 기업의 동료 기업 초대를 적극적으로 권하고 있다. 이를 통해 아직 B사와 거래가 없는 몇몇 신규 기업이 시찰에 참여할 수 있도록 유도하는 것이다.

동료 기업에게 초대받아 시찰에 참여한 기업들 중 다수는 약 1~2일 동안 B사 담당자와도 친분을 쌓는다. 그리고 이후 유력한 잠재 고객으로 발전하기도 한다.

이와 비슷하게 요즘 IT 시스템 회사 중에는 '유저 모임(고객 교류회)'을 여는 곳도 많다. 신제품을 도입한 여러 회사가 성공 사례를 공유하거나 개선점을 이야기하는 것이 이 자리의 본래 취지이지만, 이를

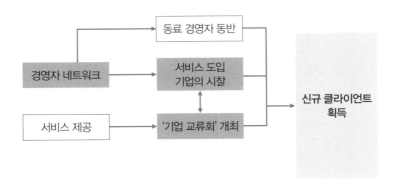

● DATA 5-7 어느 B2B 기업의 신규고객 획득 전략 ●

소개·입소문의 장으로 활용하는 기업도 늘고 있다. 이처럼 커뮤니티 마케팅은 B2C, B2B 각각의 상황에 따라 형태를 달리하며 전개되고 있다.

> ⊙ 정리
>
> ● 소개 실적이나 추천 의사와 상관관계가 높은 요소가 무엇인지 명확히 파악한다.
> ● 고객이 소개 활동에 나서기 쉬운 시점은 만족도가 높은 타이밍이므로 기업은 만족도 곡선을 정확히 파악해두어야 한다.
> ● 만족도를 높이기 위한 효과적인 행동을 정리하고 재현 가능한 업무 흐름을 구성한다.

경영 전략으로서의 영업

# 소개 행동을 유발하는
# 베스트 프랙티스

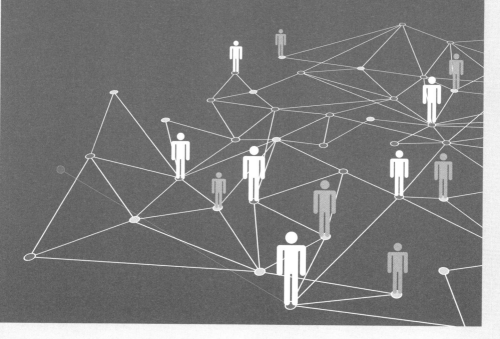

customer referrals
+
recommendations

4S 그 세 번째 S:
# 영업Sales

●● 소개·입소문 전략을 전사적으로 추진하기 위해서는 영업이나 마케팅과 같은 구체적인 어프로치가 반드시 동반되어야 한다. 이것이 바로 6장에서 다룰 '영업Sales'이다.

그런데 능동적 어프로치가 꼭 필요한가에 대한 근본적인 논의가 있을 수도 있다. '매우 만족' 비율이 높아져 추천도가 올라가면 소개는 어느 정도 자연스럽게 발생할 것이기 때문이다. 하지만 아무것도 하지 않는 것보다는 회사가 어프로치를 시도할 때 소개 발생률이 분명히 높다. 조직이 비용을 들여 품질을 '매우 만족' 수준까지 높였다면, 다음에는 높은 만족도가 소개로 이어져 더 많은 수익이 창출되도록 영업 어프로치 활동을 전개해야 한다.

영업 활동 영역에서는 지난 20년 동안 베스트 프랙티스 추출과 프로세스의 가시화가 진행되어 왔다. 예를 들면 '타깃을 어떻게 설정할 것인가?', '영업 흐름을 어떻게 구성할 것인가?', '그에 대한 영업 자료는 어떻게 정리할 것인가?' 등을 지표로 관리하는 방법이다.

이에 비해 소개 영업이나 소개 전략 부문은 아직 체계화되지 못한 부분이 많다.

필자는 지금까지 100개가 넘는 회사를 대상으로 소개 프로젝트를 진행해왔다. 사람 수로 따지면 1만 명도 더 넘는 숫자다. 이렇게 수많은 사람과 조직을 접하면서 알게 된 점은 소개에 굉장히 뛰어난 조직이나 사람에게는 어떠한 '행동 특성'이 있다는 사실이다.

6장에서는 이 행동 특성을 더 심화시켜 추출한 아래 7가지 '베스트 프랙티스'를 공유하고자 한다. 하나씩 단계별로 살펴보도록 하자.


1. 마인드
2. 타이밍
3. 테크닉
   1) 콘텐츠 정리
   2) 네트워크 파악
   3) 어프로치(소개 의뢰·지정 의뢰)

4) 중개 의뢰

5) 재소개 촉진

# 1. 마인드

소개를 영업이라는 관점에서 생각할 때 가장 큰 장애물로 작용하는 것은 영업 조직에 소개 어프로치를 하는 습관 자체가 애당초부터 거의 없다는 점이다.

예전에 '소개 실태'에 대해 조사한 적이 있었다. 다양한 업종·업태의 회사와 그 고객을 대상으로 조사했는데 매우 흥미로운 결과가 나왔다.

먼저 영업 담당자에게 "고객에게 정식으로 소개를 의뢰하고 있습니까?"라고 질문했더니 약 50%가 "소개를 의뢰하고 있다"고 답했다.

이번에는 반대로 같은 내용을 고객에게 물어보았다. "영업 담당자에게 소개 의뢰를 받은 적이 있습니까?" 또는 "소개 어프로치를 받은 적이 있습니까?"라고 질문했더니, 놀랍게도 "있다"고 답한 고객이

20% 정도밖에 되지 않았다. 이것은 영업 담당자의 어프로치가 약했거나 고객이 제대로 인식하지 못했기 때문일 것이다.

예를 들어 지나가는 말로 "소개할 곳이 있는지 생각해보세요"라고 했다거나, '팸플릿에 소개 제도 설명이 실려 있다'는 정도의 다분히 형식적인 어프로치에 그쳤을 가능성이 크다. 결국 이 숫자는 소개 활동이 영업 조직 차원에서 전개되고 있지 않음을 보여주는 증거라 할 수 있다.

또한 이러한 경향은 조직 특성을 반영하는 결과이기도 하다. 철저한 성과 위주의 분위기인 회사에서는 기본적으로 소개·입소문이 영업 어프로치의 수단으로 이미 정착되어 있다. 따라서 고객에게 소개를 부탁하는 일을 창피해하거나 싫다고 투정부릴 겨를이 없다. 어떤 방법이 됐든 영업사원으로서 해야 할 일은 한다는 단순명료한 사고 아래 움직일 뿐이다.

하지만 대부분의 조직은 이렇게까지 성과에 대한 의식이 높지 않다. 어찌 됐든 회사에 출근만 잘하면 월급은 꼬박꼬박 받을 수 있으니, 자신의 자존심이나 체면을 굽히는 일은 하고 싶지 않아 한다. 게다가 현장에서 일하는 영업 담당자의 이야기를 들어보면, '고객한테 소개 부탁을 하는 게 꼭 구걸하는 것 같아 싫다'거나 '소개 고객 확보는 내 일이 아니다'라고 생각하는 사람이 많다.

이처럼 소개를 저해하는 진짜 장애물은 다름 아닌 영업 담당자의 마인드인 경우가 뜻밖에 많다. 영업 담당자가 움직이지 않을 경우 실적이 나오지 않는 구조를 갖춘 곳이 기업이라는 점을 감안하면 이것은 매우 큰 문제라 할 수 있다. "마음이 변하면 행동도 변한다"고 한다. 우선은 소개라는 활동 자체가 갖는 의미에 대해 영업 담당자들에게 명확히 설명해야 한다. 그 후에 전사적 차원에서, 또는 영업 조직 차원에서 소개에 대한 마인드를 변화시켜 나가는 과정이 꼭 필요하다.

회사는 가장 먼저 영업 담당자에게 지금 시대는 가치의 중심이 고객 생애 가치에서 고객 소개 가치로 이행하고 있으며, 소개·입소문 전략에 최선을 다하지 않으면 영업 실적도 올라가지 않는다는 점을 충분히 설명하고 이해시켜야 한다. 그런 다음에 소개 전략이 제대로 작동하면 고객이 발굴되고, 계약이 성사되는 등 경제적 효과가 있음을 주지시킨다.

그러나 가장 강조해야 할 포인트는 '소개 가치'이다. 소개 가치라고 하면 대부분 '경비 지출이 적다', '효율적이다' 등 자기 회사에 영향을 주는 효과만 떠올린다. 물론 이것도 중요하다. 하지만 이것만으로는 충분하지 않다.

실제로 소개에 능숙한 사람이나 조직은 기본적으로 '산보오시三方よし(에도 시대 상인의 중요한 경제 이념으로, 판매자, 구매자, 사회에 모두 좋은 것

이라는 의미)' 마인드를 가지고 움직인다. 즉, 자사뿐 아니라 '소개받는 사람', '소개하는 사람' 모두에게 이익이라는 인식이 깊이 침투되어 있는 것이다.

소개하는 사람에서도 소개는 큰 의미가 있다. 지인이 비슷비슷한 상품 중에서 무엇을 고를까 고민하고 있을 때, 소위 '오지랖'을 넓혀서 더 좋은 회사를 추천해준다면 분명 그 사람에게도 도움이 될 것이다. 경우에 따라서는 회사가 소개하는 사람에게 소개료 또는 마일리지라는 금전적 혜택을 주기도 한다. 또 영업 담당자나 회사와 친분을 쌓음으로써 앞으로 더 좋은 상품과 서비스 제공을 기대해볼 수도 있다.

소개받는 쪽 또한 친구·지인이 써보고 만족한 상품·서비스이기 때문에 믿고 구매할 수 있다는 효과가 있다. 또 소개 혜택을 부여받는 경우도 있을 수 있다.

예를 들어 한 기업이 대규모 시스템을 발주한다고 가정하자. 후보로 선정된 지명도 높은 회사와 과거 거래처들은 프레젠테이션으로 치열한 경쟁을 펼칠 것이고, 기업은 그 내용만 믿고 경쟁에서 이긴 회사에 발주할 것이다. 그런데 결과가 대실패라면, 그 책임을 누구에게 물을 것인가? 업체 선정에 많은 시간을 들였다 한들 성공할지 실패할지는 그 누구도 예측할 수 없다. 하지만 지인의 소개를 받는다면 거의 실패하는 일 없이 업체를 고를 수 있을 뿐 아니라 담당자에 따라 품

| 영업(자사) |
| --- |
| • 광고비를 절약할 수 있다<br>• 계약률이 높아진다<br>• 계약이 결정되기까지의 시간이 짧다<br>• 다음 소개자가 생길 가능성이 많다 |

| 소개하는 사람 | 소개받는 사람 |
| --- | --- |
| • 소개료 등의 특전을 받을 수 있다<br>• 자신의 체험담을 전함으로써<br>　친구·지인에게도 좋은 상품과<br>　서비스를 사용하도록 할 수 있다 | • 친구·지인이 만족한 상품과<br>　서비스이기 때문에 확실성이 있다<br>• 소개 특전을 받는 경우도 있다 |

질이 달라지지는 않을지 염려할 필요도 없다.

이처럼 소개·입소문은 소개받는 사람에게도 큰 가치가 있다고 말할 수 있으며 이는 B2C, B2B 기업 모두 마찬가지다(DATA 6-1).

소개를 부탁하는 것은 창피한 일이 아니다. 그 가치를 생각하면 더더욱 그렇다. 소개 활동은 소개를 의뢰하는 쪽, 소개를 받는 쪽 모두에게 가치가 있다는 점을 영업 담당자가 정확히 이해하면 소개가 '일방적인 부탁'이 아니라 "당신과 상대방 모두에게 이득이 되는 일"이라고 당당히 말할 수 있는 자신감이 생긴다. 그러면 소개는 고객에게 '부탁'하는 행동 그 이상의 의미를 갖는다. 따라서 "이 서비스를 동료 기업에게 소개하면 그 회사도 이익"이라며 마음에서 우러나오는 이야기를 할 수 있다.

또 영업 담당자에게 '소개 활동은 여러 사람에게 이익이다. 부끄러워하지 말고 적극적으로 활동하자'라는 신념이 있으면 고객에게 몇 번이라도 어프로치할 수 있다. 영업 어프로치는 그 횟수가 많으면 많을수록 결과가 나오기 마련이고 결과는 또 다른 결과를 낳는 법이다. 게다가 소개 활동은 소개를 받는 쪽으로부터 '좋은 곳을 소개해줘서 고맙다'는 감사의 마음까지 불러일으키기 때문에 고객은 더 열심히 소개 활동을 해야겠다는 적극적인 마인드를 갖게 된다.

반면 소개를 '부탁'하는 행위로만 여기고 창피해하면 결과는 나오지 않는다. 결과가 없으면 당연히 소개의 좋은 점도 알 수 없다. 결국 이런 악순환만 계속 되풀이될 뿐이다(DATA 6-2).

만약 회사 제품을 구입해준 고객에게 소개 활동을 부탁했더니 그 고객이 "왜 소개해야 하죠?"라고 물었다면 뭐라고 답하겠는가?

A라는 영업 담당자는 "글쎄요. 그게 사실, 저희 회사에서 요즘 캠페인을 하고 있어서요"라며 회사에서 시키니까 어쩔 수 없이 한다는 태도를 보였다. 이럴 때 소개가 일어날 확률은 거의 없다.

## ● DATA 6-2 소개는 민폐가 아니다 ●

자신의 구입 체험담을 친구·지인에게 소개하고 싶다

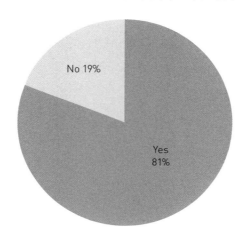

No 19%

Yes
81%

※ 제3자 기관이 구입 고객을 대상으로 실시한 설문지 조사 결과

반면 B라는 영업 담당자는 "선생님의 지인이나 동료 기업 중에도 선생님과 같은 고민을 하는 분이 계실 거예요. 이 제품은 그런 분들에게 반드시 도움이 될 거라고 확신합니다"라고 망설임 없이 말했다. 이 사람은 자기가 올바른 일을 하고 있다는 확신이 있기 때문에 앞으로도 이처럼 당당히 소개를 의뢰할 수 있을 것이다.

가령 컴퓨터 매장에서 고객이 직원에게 "왜 이 컴퓨터를 사야 돼요?"라고 물었을 때 "회사 매출을 올려야 하니까요"라고 답하는 사람은 없을 것이다. "이 컴퓨터는 당신이 효율적으로 작업할 수 있도록 도와줄 거예요"라는 식으로 상대방 입장에서 설명하는 것이 영업의 기본이다. 소개 영업도 마찬가지다. 자신이 왜 소개를 해야 하는지 묻는 고객의 질문에 장황하게 자신과 자사 이익만을 늘어놔봤자 소개 발생에는 아무런 도움이 되지 않는다.

소개가 과연 상대방에게 어떤 가치가 있을지를 그 사람의 입장이 되어 끊임없이 고민해왔을 때 비로소 소개의 진정한 가치를 이해할 수 있다. 소개 이유와 효과를 묻는 질문에 망설임 없이 바로 대답할 수 있는 사람은 분명 원하는 결과를 얻을 수 있다. 하지만 바로 대답하지 못하고 머뭇거리는 사람이라면 자신의 마인드 상태를 진지하게 점검해보아야 한다.

필자의 회사는 소개 컨설팅을 시작할 때 프로젝트에 관여하는 사람에게 반드시 '소개 활동 가치' 10개 정도를 작성하게 한다. 그리고 쓴 것들 중에서, 자신이나 자사 가치에 해당하는 것에는 '△'를, 소개하는 기업이나 개인의 가치와 효과인 경우는 'ㅁ'를, 소개 받는 기업이나 개인 등의 가치와 효과라면 '○' 표시를 하도록 한다. 처음에는 10개 중 9개 정도가 '△'인 사람이 대부분이다. 하지만 소개하는 사람·소개 받는 사람의 입장까지도 사고의 범위 안에 있는 사람은 ○,

△, □ 숫자가 비슷하다. 이것이 바로 마인드의 차이다.

소개 활동은 무엇보다도 마인드가 중요하다. 자신과 회사를 위해서가 아니라 '상대방을 위해'라는 관점의 변화가 일어나면, 마인드도 확고한 신념으로 변할 것이다.

## 2. 타이밍

소개 활동에 돌입하기로 마음먹었다면, 그다음은 조직이 어느 타이밍에 고객에게 어프로치할지를 정하는 단계이다. 5장에서도 설명했듯이 타이밍은 '계약 시', '납품 시', '납품 1~3개월 후'(상품·서비스에 가장 만족하는 타이밍) 이렇게 3가지 시점이 있다(DATA 6-3).

하지만 대부분의 기업에는 어느 타이밍에 어프로치해야 하는지에 대한 조직 내 룰이 없다. 필자가 한번은 어느 회사 영업 담당자에게 "어느 타이밍에 소개 어프로치를 하면 좋을 것 같아요?"라고 물어보았다. 그러자 그는 "납품(서비스 제공) 이후", "고객이 만족하는 것을 실감했을 때"라고 대답했다. 그는 아마도 고객이 "당신 회사에서 구

## ● DATA 6-3 소개를 의뢰하는 3가지 타이밍 ●

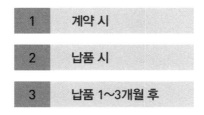

| 1 | 계약 시 |
|---|---|
| 2 | 납품 시 |
| 3 | 납품 1~3개월 후 |

※ 가능한 한 초기 타이밍에 의뢰할 것

입하길 잘했어요"라고 말하며 만족해하는 모습을 볼 때 '이렇게까지 말하는 걸 보니 소개해줄지도 몰라'라고 생각하는 듯했다. 그러나 이 타이밍은 이미 늦다. 납품이 끝나면 고객과 만날 기회가 적어져 소개 어프로치 지원이 곤란하기 때문이다.

소개 활동을 시작하는 타이밍은 되도록 빨라야 한다. 고객이 만족하는지를 정확히 몰라도 상관없다. 우선 부딪쳐보자는 마음가짐이 필요하다. 계약 시점에서는 고객이 자사를 어떻게 평가하는지 알 수 없다고 생각하는 사람도 있는데, 실제로는 그렇지 않다. 여러 회사 가운데 그 회사를 선택했다는 건 그만큼 높이 평가하는 점이 있기 때문이다. 따라서 틀림없이 가능성이 있다.

계약을 하고 납품을 하는 과정에서 소개가 발생하는 경우도 많다.

업무 하나하나를 성실히 해나가는 모습을 보고 '아직 완성은 안 됐지만 이 사람이라면 소개해도 괜찮을 것 같다'고 마음이 움직였기 때문이다.

만약 초기 타이밍에 소개를 의뢰했는데 고객이 "납품 후에", "사용해보고"라고 말하며 미지근한 반응을 보였을 때에도 "그럼 납품 후에 소개해주세요"라는 식으로 다음 기회를 약속받는 방법도 있다. 따라서 초기에 의뢰한다고 손해 볼 일은 전혀 없다.

비교적 가격이 높은 상품을 취급하는 회사 등에서는 '계약은 못 했지만 소개는 받는' 패턴도 자주 있다. "당신 회사 제안이 가장 마음에 들었지만, 이번에는 예산이 맞지 않으니, 그 대신 다른 회사를 소개해주겠다"는 식이다.

예산이 맞지 않다는 이유로 거절당했다면 아직 가능성은 남아 있다. 그러니 이런 경우에도 포기하지 말고 솔직하게 주위에 같은 상품·서비스를 찾고 있는 회사(사람)가 없는지 물어봐야 한다. 의외로 긍정적인 대답이 나와 신규 고객을 확보하는 일도 일어난다. 이런 경우는 계약을 성사시키지는 못했지만 만족도 높은 제안 내용을 통해 얻는 소개 사례라 할 수 있다.

생명보험 영업 등에서도 서로 예산이 맞지 않아 계약이 좌절되는 경우가 있다. 하지만 영업 담당자가 라이프 플랜 등을 꼼꼼히 작성하며 자기 일처럼 상담해줬다면 고객의 영업 담당자에 대한 평가는 높을 것이다. 이럴 경우 "주위에 누구 없을까요?"라고 물어보면 "아, 마침 나와 생활환경이 비슷한 동료가 있어요"라며 소개를 해줄 수도 있다. 계약이 성사되지 않았다며 어깨를 축 늘어뜨리며 돌아가는 영업사원과, 그 와중에 다른 계약을 2~3건이나 성공시키는 영업사원은 이런 차이를 보이는 것이다.

결국 중요한 것은 소개 어프로치를 취하는 타이밍을 제대로 파악하고 가능한 초기 타이밍에 의뢰를 시도하는 2가지로 요약될 수 있다.

그리고 조직 내에서 어느 타이밍에 의뢰할 것인가에 대한 룰을 정해두는 것도 필요하다. 회사 룰로 정하고 업무 과정에 집어넣는 게 좋다. 그래서 신입사원일지라도 업무 흐름을 보며 적절한 타이밍에 소개 어프로치를 할 수 있도록 시스템을 만들어두는 일은 간단하지만 조직의 성과를 높이기 위해서는 꼭 필요한 일이다.

# 3. 테크닉

## 1) 콘텐츠 정리

소개나 입소문 전략을 추진할 때는 고객에게 어필할 소개 재료를 몇 가지로 정리해두는 것이 좋다(DATA 6-4).

① 상품(서비스, 기능, 가격 등 포함)
② 회사
③ 사람(담당·정보)

또한 각 항목 중에서 자사의 '넘버 원'(국내 최대, 지역 공급률 1위 등), 또는 '온리 원'(업계 유일 등), '퍼스트 원'(업계 최초, 지역 최초 등) 등을 발굴해둘 필요가 있다.

5장에서 소개한 종합 주택 부동산 회사도 마찬가지다. 이 회사는 사업 전개 지역에서 매출 넘버 원임을 대대적으로 홍보하고 있다. 3가지로 분류해 살펴보자.

## ● DATA 6-4 소개·입소문에 용이한 재료 ●

| | 넘버 원 | |
|---|---|---|
| ① 상품(서비스, 기능, 가격) | 예: 가격이 싸다 | |
| ② 회사 | 예: 지역 넘버 원 | |
| ③ 사람(담당·정보) | | |

- 상품: 부동산 보유 수가 넘버 원. 가격도 저렴
- 회사: 사업 전개 지역에서 매출 넘버 원
- 사람: 특별히 없음

 

주택은 대개 토지와 세트로 팔기 때문에 토지를 많이 보유한 회사가 경쟁력도 있다. 고객은 집을 고를 때 이 회사가 지역에서 토지를 가장 많이 소유하고 있기 때문에 분명 마음에 드는 물건을 고를 수 있을 것이라고 생각한다. 그래서 실제로 집을 사면 자신의 경험을 소개하며 "매출 넘버 원인 데다가 토지 보유량도 많아서 선택의 폭도 넓어. 한번 가봐"라고 누구에게나 부담 없이 말할 수 있게 된다.

그렇다고 이 회사가 원래부터 소개·입소문 전략이 강했던 것은 아니다. 예전에는 회사 내에 소개 의뢰 방법 등에 대한 룰이 전혀 없었다. 하지만 컨설팅을 받으며 이것을 정리한 결과 소개 건수 3.5배, 매출액 기준 40억 엔 이상 증가라는 쾌거를 이룰 수 있었다.

이 부동산 회사는 본래 회사나 상품 모두 기본기가 뛰어났다. 하지만 그 뛰어난 점을 제대로 전달하지 못해 좀처럼 소개로 이어지지 않았던 것이다.

자사의 강점을 찾아내는 일은 의외로 쉽지 않다. 하지만 자기 회사의 강점을 고객에게 제대로 전달할 수 없다면, 고객 또한 누군가에게 소개·입소문 활동을 하기가 어렵다. 그러면 주위 사람에게 회사를 소개하는 것 자체가 불가능해진다.

그런데 아무리 찾아봐도 회사나 상품에 대해 마땅히 내세울 만한 특징이 없는 경우가 있다. 그런 경우에는 사람에게 초점을 맞추는 수밖에 없다.

예를 들면 생명보험 영업 담당자 중에는 파이낸셜 플래너FP 등 여러 자격을 보유한 사람이 있다. 이런 특징은 반드시 고객에게 강조해야 한다. 그래야만 "내 담당자는 FP 자격도 갖추고 있어. 지점에서 실적 넘버 원이래. 그래서 그런지 다양한 상담도 잘해주는 것 같아 안심이야"라는 평가를 받을 수 있다. 단순히 '사람이 좋으니까'만으로는 조금 부족하다. 다른 사람과 차별화를 둔다는 의미에서도 역시 넘버 원이나 온리 원이 있는 게 좋다. 그렇지 않으면 자신의 시장 가치는 점점 떨어지고 만다.

여기서 잠깐 '사람'에 대해 좀 더 자세히 짚고 넘어가보자. 소개·입소문이 잘 들어오는 영업 담당자는 어떤 유형의 사람일까?

우선은 신규 영업 실적이 좋은 사람이다. 영업에 강한 사람은 소개도 역시 많이 들어온다. 이 상관관계는 매우 강하다.

또 잘나가는 영업 담당자는 '호감 형성'을 잘한다. 기본적으로 '커뮤니케이션 능력이 뛰어난' 사람인 것이다. 즉, 고객의 경계심을 풀어 상대방 안으로 들어가는 데 능숙하다.

또 다른 하나는 '신뢰 형성'이다. 이것은 판매의 프로페셔널 위치에 올랐음을 의미한다. 상품에 대한 지식도 풍부하고 선견지명도 뛰어나 자타 공인 프로로서 인정받으며 고객을 반걸음 앞에서 리드하는, 영업이라기보다는 어드바이저로서의 위치에 서 있는 사람이다. 바로 이런 사람이 잘나가는 영업사원이라고 말할 수 있다.

'호감 형성'과 '신뢰 형성', 이 2가지를 모두 갖추고 있거나, 아니면 강화시켜 나간다면 능력 있는 영업사원으로 성장할 수 있다. 소개 실적이 뛰어난 사람은 '호감이 가는 데다가 프로페셔널한 능력도 갖춰서 믿고 소개할 수 있다'는 평가를 받는 사람이다.

## ● DATA 6-5 우수한 영업사원의 커뮤니케이션 스킬(구매 심리) ●

| | | |
|---|---|---|
| 1 | 호감<br>형성 | ※ 호감 형성<br>고객의 경계심을 풀어 쌍방이 자연스러운 대화를 나누기로 허락받은 상태를 가리킨다. 어떤 영업 활동이든 우선은 좋은 인간관계를 구축해 호감을 갖게끔 하지 않으면 이야기는 시작되지 않는다. 우선은 이야기를 들어줄 수 있는 관계를 만드는 것이 첫 번째 과제다. |
| 2 | 신뢰<br>형성 | ※ 신뢰 형성<br>'판매의 프로'로서의 포지션을 확보해 마음에서 우러나오는 신뢰를 보내는 상태를 가리킨다. 단순히 '좋은 사람'에서 끝나지 않고, '상품·서비스에 정통한 프로'라는 인식을 고취시켜 '이 사람에게 상담받고 싶다'고 느끼게 만드는 일이 반드시 필요하다. 신뢰를 얻을 수 없으면 히어링을 해도 고객은 진심을 말하지 않는다. |

즉, '호감 형성'과 '신뢰 형성'은 영업사원에게 반드시 필요한 능력이며, 이를 강화시킴으로써 신규 영업뿐 아니라 소개 영업에서도 큰 성과를 거둘 수 있다.

### 2) 네트워크 파악

영업 조직에서 소개 어프로치를 할 때 가장 먼저 하는 일은 고객을 등급별로 나누는 작업이다. 대개는 시간과 예산이 한정되어 있기 때문에 S와 A등급 고객, 그리고 현재 접점이 있는 고객을 대상으로

## ● DATA 6-6 영업력과 소개 실적의 관계 ●

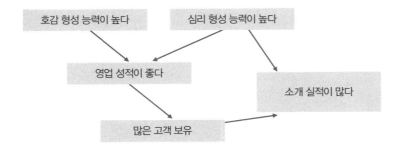

호감 형성 능력이 높다

심리 형성 능력이 높다

영업 성적이 좋다

소개 실적이 많다

많은 고객 보유

한다.

기본적으로 추천도가 높은 집단에 적극적으로 어프로치하면 되는데, 이때 해당 고객의 네트워크가 어느 정도인지를 파악하는 것도 중요하다.

특히 법인 경영자를 상대로 소개 어프로치를 할 때는 소위 '네트워크 지도'를 준비하면 좋다.

예를 들어 DATA 6-7은 B2B 회사인 X사가 겨냥하고 있는 기업들의 업계 내 네트워크 지도다. 즉, 각각의 회사가 어떤 네트워크와 인맥을 가지고 있는지를 지도로 나타낸 것이다. X사는 15개 회사가 가입한 A라는 단체에 속해 있다. 또 업계에는 6개 회사가 가입된 B라는 단체도 있다.

경영 전략으로서의 영업

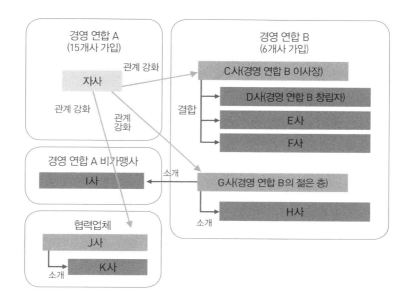

이 지도에 의하면 X사(단체 A)와 C사(단체 B)는 친분이 있다. 이 깊은 친분을 이용해 C사 사장(단체 B의 이사장이기도 하다)이 어떤 네트워크와 인맥을 갖고 있는지를 파악하여 정리한다. 그러면 D사(단체 B의 창립자) 및 F사 사장과 친분이 깊다는 사실을 알 수 있다. 즉, C사 사장은 D, E, F사에 영향력이 있고 G사와도 같은 B단체 회원으로서 강한 영향력을 행사할 수 있음을 추측할 수 있다.

한편 협력업체 J사의 네트워크는 K사 정도에 불과한 것으로 보인다. K사가 소개 활동을 해준다고 해도 1번 이상을 기대하기는 어렵다. 이후에는 커뮤니티를 잘 활용하면서 그리 관계가 깊지 않은 지인들에게까지 손을 뻗쳐줄 것을 기대하는 수밖에 없다.

이곳저곳 활동이 많은 회사 경영자일수록 많은 네트워크를 형성하고 있다. 반대로 조용한 분위기의 회사는 주변 네트워크가 빈약하다.

B2C 기업도 이러한 인맥 네트워크를 파악해두는 것이 중요하다. 소개 어프로치를 하면서 "주변에 이런 사람 없어요?"라고 직접적으로 묻든, 인맥부터 묻든, 처음에는 어느 쪽이든 상관없다. 중요한 것은 일단 접점이 생긴 단계에서 일찌감치 인맥과 네트워크를 파악하고, 인맥이 넓고 추천도까지 높은 경우에는 영향력이 더 큰 사람부터 우선적으로 어프로치해야 한다는 점이다.

예를 들면 B2B 기업은 기업 간 네트워크를 파악하고 싶을 때 웹사이트에 들어가 보면 소속 단체를 소개한 경우가 많다. 게다가 웹사이트에는 소속 단체에서의 역할까지 공개되어 있어서 '지역 단체 이사'부터 'JC(청년회의소) 몇 대 회장'인지까지도 알 수 있다. 따라서 이것들만 살펴봐도 인맥이 어느 정도인지 대략 짐작할 수 있다.

개인의 경우는 직장 동료, 취미 동아리, 동네 친구, 학교 친구 등 여러 종류와 형태의 네트워크가 존재하므로 상담을 하면서 이러한 인맥을 자연스럽게 파악해둔다. 예를 들면 여성의 경우는 문화센터나 학부모들의 운동 모임에 나가고 있는지를 물어보면 인맥의 정도를 파악할 수 있다.

남성도 특정 커뮤니티에 소속된 사람은 여러 가지로 도움이 되는 경우가 많다. 반면 휴일 대부분의 시간을 혼자서 보내는 내성적인 사람이라면 좀처럼 소개 확대를 기대하기가 어렵다.

회사에서의 직책과 부하직원 수 등을 참고하는 것도 좋다. 이렇게 개인의 인맥, 네트워크를 파악해두면 그 고객이 앞으로 얼마나 소개 고객을 발생시켜 줄지를 대충 짐작할 수 있다. 그래서 네트워크를 파악해두는 일이 매우 중요하다.

고객과의 상담을 통해 네트워크를 파악할 때 다음과 같은 루트를 활용하면 좋다.

- CS 설문 조사지: 조직 차원에서 소개 활동을 추진할 경우에는 CS 설문 조사지에 소속 네트워크를 기입하는 항목을 마련한다.
- 인맥 파악 시트: 고객이 인맥을 기록하는 시트.

소개 활동을 해줄 고객에게 "평소에 어떤 분들과 가깝게 지내세요?"라고 질문한 후 인맥을 써보게 한다. 그러면 친척, 대학 서클 친구,

| ○○○주식회사 | | | |
|---|---|---|---|
| 특징 | 서비스 내용 | 회사 안내 | 자료 청구 |

대표 인사

소속 단체
○○○협회 평의원
△△△협회 이사
×××조합 이사

관련 회사
주식회사 □□□       대표이사 사장

과거 주요 강연 기관
○○○학회  △△로타리클럽, ×××상공회의소

회사 동료, 동네 친구 등 여러 후보가 나온다.

그런데 고객과 (어느 정도) 비슷한 연령층을 유망 타깃으로 삼는 비즈니스가 있는가 하면, 반대로 연령 따위는 전혀 상관없는 비즈니스도 있다. 예를 들어 자동차는 부모 세대가 자신의 자녀를 소개하는 경우도 많다. 자동차는 연령에 따른 선택의 폭이 넓기 때문에 얼마든지 대응 가능하다.

여성을 상대로 하는 비즈니스인 피부 관리나 미용 성형의 경우도 부모가 자녀를 소개하는 사례가 의외로 많다. 이처럼 어떤 네트워크가 소개라는 황금 알을 낳는 황금 거위가 될지는 직접 뛰어들어 부딪쳐보지 않으면 모른다. 이러한 미지의 업계는 아직도 얼마든지 있다.

### 3) 어프로치(소개 의뢰·지정 의뢰)

실제로 어떤 식으로 소개 어프로치를 하면 좋을까? 소개 의뢰 방법에는 상담을 하며 영업 대화를 하거나, 웹사이트에 의뢰 글을 게재하는 방법 등이 있다. 어느 쪽이든 이야기의 흐름에는 정해진 룰이 있다. 순서대로 짚어보자.

#### a) 대의명분(회사의 진심과 고객의 효과 설명)

우선 소개를 의뢰하기에 앞서 소개를 하면 무엇이 좋은지 고객을 이해시키도록 하자. 소개 활동을 하는 목적은 다름 아닌 고객(소개하는 사람), 소개받는 사람, 그리고 회사 모두에게 윈-윈-윈이 되는 미래를 구축하기 위함이며 이를 위해 고객과 함께 적극적으로 활동하고 싶다는 강한 의지를 전달하는 일은 무엇보다도 중요하다. 이 과정이 반드시 필요한 이유는 상대방이 '왜 소개 활동에 협력해야 하지?'라는 잠재적인 의문을 품고 있기 때문이다. 따라서 이 의문을 해소시키기 위해서라도 소개 활동의 대의명분을 전하는 일이 반드시 선행되어야 한다. 그래야 상대도 회사의 의도를 이해하고 좀 더 진지한 태도로 임할 수 있게 된다.

필자는 수차례 소개 영업 현장에 동행한 적이 있다. 좀처럼 실적으로 이어지지 않는 영업사원의 문제점을 찾기 위해서였다.

그런데 동행해보니 모든 영업 담당자의 이야기 흐름이 거의 똑같았다. "이번에 저희 회사가 소개 활동에 주력하기로 했어요. 혹시 주변에 좋은 분이 계시면 소개해주세요"라는 식의 이야기를 20~30초 정도 했다. 그러면 고객은 거의 천편일률적으로 "네, 생각해볼게요"라거나 "그런 사람이 있으면요"라고 대답한다. 그럼 영업 담당자가 "알겠습니다"나 "고맙습니다"라고 말하고 돌아가는 게 거의 정해진 패턴이었다.

'소개를 통해 윈-윈 관계를 구축하고 싶다'는 메시지를 강하게 어필하지 않았으니, 상대방이 가볍게 거절하는 것도 당연하다. 이러한 상황을 막기 위해서라도 회사가 소개 활동에 성실하고 진지한 태도로 임하고 있으니 고객도 가볍게 생각하지 말아달라는 의지를 확실히 전달한 후에 시작해야 한다. 또한 소개 활동이 상대방에게도 가치가 있음을 전함으로써 '협력해야겠다'는 상대방의 결심을 굳히는 의미도 있다.

오랫동안 이어온 친한 사이일지라도 우선은 진심으로 대의명분을 전하는 일부터 시작하도록 하자.

### b) 소개 의뢰(소개받을 사람을 지정해 의뢰한다)

소개 부탁을 했는데도 기대했던 대답이 돌아오지 않는 이유 중 하나가 바로 '소개할 사람이 떠오르지 않아서'이다. 고객은 소개 활동에 협력하고 싶지만, 누구를 소개하면 좋을지를 모르는 상태인 것이다.

이럴 때에는 힌트를 주는 게 좋다. "○○한 사람 없을까요?"라고 인물상을 콕 집어주는 것인데, 이때 앞에서 설명한 인맥 네트워크를 활용하면 효과적이다.

예를 들어 앞서 살펴본 '기업 간 네트워크(DATA 6-7)' 사례라면, "D사와 사이가 좋으시지요?"나 "G사와 같은 협회 소속이시지요?"라는 식으로 타깃의 인물명이나 관계성을 구체적으로 제시하는 것이 효과적이다.

여기까지는 인맥이 파악된 경우에 가능한 소개 의뢰이고 또 다른 의뢰 방법이 있다. 타이밍상 자사의 상품·서비스를 구입할 것 같은

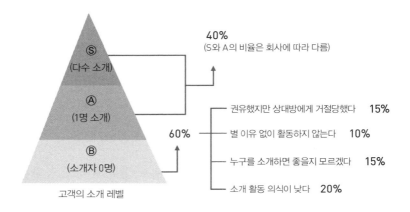

● DATA 6-9 소개가 발생하지 않는 주요 원인 ●

40%
(S와 A의 비율은 회사에 따라 다름)

S
(다수 소개)

A
(1명 소개)

권유했지만 상대방에게 거절당했다    15%

별 이유 없이 활동하지 않는다    10%

60%

B
(소개자 0명)

누구를 소개하면 좋을지 모르겠다    15%

소개 활동 의식이 낮다    20%

고객의 소개 레벨

사람을 정해서 의뢰하는 '지정 의뢰'이다.

자동차를 예로 들면 "주변에 자동차 정기 검사를 받을 때가 된 분 안 계세요?"도 좋고, "최근에 자녀가 대학에 입학한 분 계세요?"도 좋다. 상대가 소개할 사람을 쉽게 떠올리도록 도와주기만 하면 된다.

생명보험의 경우 "생명보험에 가입할 만한 분 없을까요?"라고 물어보면 고객은 좀처럼 떠올리기가 어려운 법이다. 그것보다는 "주위에 결혼하신 분 또는 자녀가 태어난 분 안 계세요?"라고 묻는 것이 좋다.

주택의 경우도 마찬가지다. 주택 구입은 초등학교, 중학교 등 자녀의 입학에 맞춰 검토하는 경우가 많다. "최근에 자녀가 초등학교나 중학교에 입학한 분 계세요?"라고 물음으로써 기대하는 대답을 들을 가능성이 높다.

이번에는 B2B 기업인 헤드헌팅 회사의 사례를 살펴보자. 인재를 필요로 한다는 사실은 회사에 변화가 생겼다는 것을 의미할 때가 많다. 그래서 "요즘 눈에 띄게 성장 중인 회사는 없나요?", "조만간 세대 교체가 있을 것 같은 회사가 있을까요?" 등의 질문을 던져 의뢰하는 것이 효과적이다.

### c) 구체적인 사례를 설명해 행동을 유발시킨다

하나 더 추가하자면 고객에게 '소개·입소문은 당연하다'는 인식을 심어주는 것이 중요하다. 고객 중에는 '소개했는데 상대방이 별로라고 생각하면 어쩌지?'나 '강요한다고 생각하지 않을까?'라고 걱정하는 사람이 반드시 있기 때문이다. 이런 사람에게는 소개가 전혀 특수하고 비일상적인 일이 아니라 누구나가 하고 있는 평범한 일이라고 설명함으로써 소개에 대한 심리적 장벽을 낮출 필요가 있다.

예를 들면 초밥집 맛이 어떤지를 묻는다거나, 영화 리뷰를 읽는다거나 하는 일도 모두 소개 활동이다. 이러한 일이 주위에 얼마나 많은지를 깨닫게 하면 상대방도 '그럼 나도 부담 없이 친구에게 소개해볼까?'라고 생각하게 될 것이다. 그 밖에 다른 수단으로서, 회사 매출에서 소개로 인한 매출이 몇 %를 차지하고 있는지 숫자로 보여주는 것도 효과적이다. 소개·입소문 비율이 높을수록 고객도 '소개는 당연한 것'이라는 강한 인상을 받을 것이다.

지금까지 설명한 내용은 상대방이 망설이거나 당황스러워할 상황을 알아채고 먼저 문제 요소를 없애버리는 과정이다. 즉, 소개 의뢰를 가볍게 생각할 가능성이 있기 때문에 우선 대의명분에 대해 설명하고, '누구를 소개할지 떠오르지 않는다'고 말할 것에 대비해 상황이나 인물을 쉽게 떠올리도록 구체적인 사례를 들어 제시한다. 그리고 마지막으로 '소개를 해야 할지 말아야 말지' 망설이는 사람에게는 소개는 특별한 것이 아니라고 설명하는 식으로 말이다.

다시 말해, 소개 의뢰·특정 의뢰는 상대방이 소개 활동을 하지 않으려는 이유를 제거해나가는 과정이다. 이것이야말로 세일즈의 기본이다. 그리고 이것은 영업에서 상품을 사지 않는 원인을 제거하는 활동과도 거의 일맥상통한다.

### 4) 중개 소개

소개 의뢰를 부탁한 고객이 "이 사람 괜찮지 않아요?", "이런 회사가 있어요"라며 구체적인 이름을 거론했다고 가정하자. 하지만 이것으로 소개를 받았다고 착각한다면 큰 오산이다. 이후에 어떻게 진행되느냐에 일의 성패가 달려 있다. 추측하자면 이 대화는 아마도 고객이 "그 사람 전화번호(또는 이메일 주소)를 가르쳐줄 테니 연락해보세요"나 "이번에 만나면 이야기해볼게요"라고 말하고, 당신이 "잘 부탁드립니다", "추후에 제가 연락드리겠습니다"라고 인사함으로써 끝나버릴 가능성이 크다.

이 단계에서 대화에 참여한 사람은 당신과 소개하는 고객뿐이다. 정작 소개받을 제3자는 아직 등장도 하지 않았다.

따라서 누군가를 소개받을 수 있을 것 같은 분위기가 조성됐다면, "혹시 가능하면 지금 전화를 해보시겠어요?", "세 사람이 만나는 자리를 마련해도 될까요?"라고 한 걸음 더 나아간 어프로치를 해야 한다.

소개의 기본은 당신과 소개하는 사람, 그리고 소개받을 사람으로 이루어진 삼각형의 꼭짓점을 '그때, 그 자리'에서 잇는 것이다. '그 자리에서 전화'까지 연결됐다면 그때 비로소 소개받았다고 말할 수 있다.

그렇다면 왜 '그때, 그 자리'에 집착해야 할까? 그것은 사람은 망각의 동물이기 때문이다. 소개를 해준 고객도 1시간만 지나면 당신과 나눈 대화 내용 따위는 금세 잊어버리고 말 것이다.

또 하나의 이유는 소개하는 사람의 지원을 더욱 효과적으로 활용하기 위해서다. 고객에게 "이 사람에게 연락해도 괜찮아요"라고 소개받을 사람의 전화번호나 이메일 주소를 받았다고 가정하자. 물론 사전에 고객이 소개받을 사람에게 확인해 연락처를 가르쳐줘도 된다는 허락을 받았을 가능성이 높다. 하지만 실제로 영업 담당자가 전화했더니 "누구세요?", "무슨 일이에요?"라는 반응을 보이고, 영업 담당자가 자세한 내용을 설명하자 그때서야 겨우 "아, 안녕하세요" 같은 흐름의 대화가 이어지는 경우가 많다. 이렇다면 일반 신규 영업과 전혀 다를 게 없다.

"이야기해두었으니 영업하러 가보세요"라는 말을 믿고 방문해도 결국은 "누구세요?"부터 시작해야 하는 일도 허다하다. 어쩌면 지인이 소개해준 사실조차 기억하지 못할지도 모른다.

상황이 이렇게 전개되는 것을 피하기 위해서라도 "지금 전화를 걸어보시겠어요?"라고 말하며 고객이 소개받을 사람에게 눈앞에서 전화를 걸어보도록 부탁하는 게 좋다. 그리고 이야기 도중에 전화를 바꿔달라고 해야 한다. 이것이 철칙이다. 여기까지 해야 비로소 '소개를 받았다'고 말할 수 있는 것이다.

전화를 바꿔서 도대체 무슨 말을 해야 할지 막막할 수도 있는데, 특별히 대단한 걸 이야기할 필요는 없다. "안녕하세요. ○○씨를 담당하고 있습니다", "언제 한번 뵙고 저희 제품에 대해 이야기를 나누고 싶습니다"라는 정도로 충분하다. 10초 안에 끝낼 수 있는 정말 가벼운 인사 정도면 된다. '소개하는 사람과 함께 이야기했다는 사실'만 있으면 그걸로 OK이다.

그러고 나서는 소개하는 사람에게 전화번호(이메일 주소)를 묻든, 그 자리에서 상담 일정을 잡든 뭘 하든 좋다. 포인트는 며칠 후 전화를 걸었을 때 전혀 모르는 사람 취급당하지 않고 "아! 그때 그분"이라고 말할 수 있는 관계를 만드는 것이다.

특히 B2B 비즈니스의 경우는 그 차이가 크다. 경영자나 임원들은 이미 영업에 익숙한 사람들이다. 연락처를 가르쳐줘서 방문했는데도 아무런 특별함 없이 대하는 경우가 대부분이다. 하지만 사전에 전화로 대화를 나눈 적이 있으면 '아, 그때'에서 그치지 않고 "○○ 씨의 소개니까", "그 회사에는 신세를 지고 있어서"라는 식으로 이야기가 확장되어 상담을 진행하기가 훨씬 수월해진다.

물론 가능하다면 소개하는 사람도 상담 자리에 동석하는 게 좋다. 그러면 계약 성사 확률이 더 높아질 것이다. 하지만 그 정도가 어렵다면 적어도 첫 접점 시점에서 3명이 서로 연결되도록 해야 한다. 사전에 나눈 한마디가 큰 결과로 이어질 수 있기 때문이다.

반복해서 말하지만 소개의 철칙은 소개하는 사람, 소개받는 사람,

그리고 당신, 이렇게 3명이 동시에 연결되는 자리를 갖는 것이다. 수고로울 수도 있는 이 작은 행동이 커다란 성과로 이어질 수 있음을 절대로 잊어서는 안 된다.

### 5) 재소개 촉진

소개 활동을 할 때는 과거에 소개 실적이 있는 사람을 겨냥하는 것이 철칙이다. 한 번이라도 소개한 경험이 있는 사람은 추천도가 높고 네트워크가 넓어야 한다는 소개 속성 관문을 이미 통과했다고 봐도 무난하기 때문이다.

DATA 6-10을 살펴보자. 이 데이터는 고객 494명이 소개로 발굴된 고객 1,038명 중 몇 명씩을 소개했는지 그 내역을 나타낸 것이다. 1명만 소개한 사람은 298명이고, 나머지 740명은 1명 이상 소개한 사람들이 채운 숫자다. 특징적인 것은 7명 이상을 소개한 사람들인데, 이들 20명이 무려 220명을 발굴했다. 이를 1명 소개한 298명과 비교하면 20명이서 298명의 3/4에 해당하는 인원을 소개한 셈이다. 소개에 들어가는 수고를 생각하면, 7명 이상을 소개해준 20명(전체의 4%)에게 주력하는 것이 훨씬 효율적임을 알 수 있다. 이러한 다수 소개자를 1명이라도 더 늘릴 수 있다면 소개로 인한 성과도 매우 안정될 것이다.

## ● DATA 6-10 과거 소개자의 소개 건수 내역 ●

소개 건수 데이터

| 소개 발굴 수 | 1,038 |
|---|---|
| 총 소개자 수 | 494 |
| 한 사람당 평균 | 2.1 |

한 사람당 소개 건수 내역

| | 소개자 수 | 비율 | 소개 발굴 수 |
|---|---|---|---|
| 1명 소개 | 298 | 60% | 298 |
| 2명 소개 | 96 | 19% | 192 |
| 3명 소개 | 36 | 7% | 108 |
| 4명 소개 | 16 | 3% | 64 |
| 5명 소개 | 12 | 2% | 60 |
| 6명 소개 | 16 | 3% | 96 |
| 7명 이상 소개 | 20 | 4% | 220 |

　소개 전략에서는 1명을 소개한 고객을 다수 소개자로 업그레이드 시키기 위해서는 어떻게 해야 하는지가 매우 중요하다.

　'고객이 소개 이야기를 했다 → 그 자리에서 전화를 부탁했다 → 만나러 갔다 → 계약이 성사됐다'는 과정을 거쳤다고 하자. 그다음 단계는 '다음 고객에게 간다'가 아니라 '소개시켜 준 사람과의 관계를 더욱 돈독히 한다'가 되어야 한다. 1명을 소개한 후 또 다른 1명을 소개해줄지, 아니면 1명이 처음이자 마지막 소개가 될지를 결정하는 가장 큰 요인은, 영업 담당자가 첫 번째 1명을 소개받은 뒤에 그 고객을 어떻게 관리했느냐에 달려 있기 때문이다.

예를 들면 고객이 처음으로 누군가를 소개했는데 그 후에 보인 영업 담당자의 태도가 탐탁지 않았다면, 더 이상 누군가를 소개할 마음이 생기지 않을 것이다. 이런 경우 영업 담당자의 불성실한 태도는 '소개받은 사람'이 아니라 '소개한 사람'에 대한 배려가 부족한 형태로 나타나는 경우가 대부분이다. 소개한 후 2~3개월이나 지났는데도 소개한 고객에게는 아무런 연락도 하지 않는다거나, 소개받은 사람과 조건이 맞지 않는다고 거래를 그대로 방치하는 경우 등이다. 진척 상황은 물론이거니와 말하기 어려운 것도 제대로 보고해야 하는 것이 최소한의 소개 예의라 할 수 있다. "거래가 순조롭게 진행되고 있습니다" 또는 "확인하는 데 조금 시간이 걸리고 있습니다"라는 보고는 당연히 이루어져야 하며, "정말 죄송하지만, 조건이 맞지 않아서 거절했습니다"라는 보고까지도 우선적으로 전해야 한다. 소개한 사람이 '내가 소개한 건이 어떻게 됐지?'라고 궁금해하게 한다면 고객과 제대로 된 신뢰 관계를 쌓기 어렵다.

소개한 사람에게 진척 상황을 꼼꼼히 보고하거나 수시로 정보를 공유함으로써 '당신은 우리에게 소중한 사람입니다' 또는 '당신 고객을 소중히 생각하고 있습니다'라는 신호를 끊임없이 보내야 한다. 그래야 소개한 쪽이 나서서 지원해주는 일도 생긴다. 실제로 첫 소개로는 계약이 성사되지 않았지만 고객이 먼저 또 다른 사람을 소개해주는 일도 뜻밖에 많다.

첫 번째 소개를 받았을 때 소개한 사람과 빈번히 접촉해 신뢰의 양을 쌓아두면 두 번째, 세 번째 소개가 계속적으로 발생한다. 반대로 이야기하자면 이것을 못 하는 사람은 두 번째 소개를 기대할 수 없다.

어느 자동차 판매 회사에서는 누군가를 소개해준 고객이 쇼룸을 방문하면 반드시 지점장이 찾아가 인사를 하도록 정해져 있다.

"지난번에는 ○○를 위해 친구분을 소개해주셔서 정말 감사했습니다."

이 회사는 원래부터 흠잡을 데 없는 고객 대응으로 소문이 났지만, 누군가를 소개한 고객에게는 더욱더 차별화된 VIP 서비스를 제공한다. 소개한 사람 입장에서는 소개하길 잘했다고 진심으로 느낄 것이고 또 소개해야겠다는 마음이 생길 것이다. 소개료나 혜택 등 소개한 사람에게 돌아가는 유익을 조직 내에 제도로 정해놓기도 한다. 소개해준 사람에게 여러 가지 혜택이 돌아가게 함으로써 소개 발생 건수를 더 늘리겠다는 발상인데, 소개 인원수가 많을수록 제공받는 혜택 조건이 좋아지거나, 마일리지 포인트처럼 소개한 사람 수에 따라 혜택 등급이 올라가는 방식으로 설정한다. 이러한 혜택 제도를 마련했다면 반드시 고객에게 강조해둘 필요가 있다.

이처럼 소개 재생산을 위해서는 개인이 해야 할 일과 팀 차원에서 해야 할 일, 그리고 제도로 정해두어야 할 일을 효율적으로 분리해 추진하는 일이 중요하다.

소개 전략에서 고객 세분화와 만족도도 매우 중요하지만 마냥 기다리고 있어서는 안 된다. 영업 조직 차원에서 능동적으로 소개 어프로치를 해나가야 하는데 이때 개인·조직이 따로따로 실행한다면 의미가 없다.

6장에서 제시한 7가지 내용을 바탕으로 베스트 프랙티스를 추출한 후에 조직에 정착시켜 무엇이 어떻게 진행되고 있는지를 명료하게 가시화해야 한다. 누구를 타깃으로 어느 타이밍에 어떤 어프로치를 통해 공략할 것인가가 조직 내부에 정해져 있지 않으면 결과는 안정적이지 못하다.

통상 영업 활동도 영업 프로세스나 베스트 프랙티스를 가시화하거나 매뉴얼을 만드는 작업을 통해 효율을 높일 수 있다. 소개 활동도 마찬가지다. 동일한 어프로치를 반복함으로써 어떤 결과가 나왔

| 개인 | 진척 보고 철저 |
|------|----------------|
| 팀 | 정보 공유를 통한 VIP 대응 |
| 제도 | 소개료 마일리지 제도 |

는지를 가시화하고 전사적으로 공유해야 한다. 이러한 과정을 통해 반드시 기대하는 성과를 쌓아갈 수 있을 것이라 확신한다.

## ⊙ 정리

- 소개 활동의 최대 장벽은 영업 조직의 정신에 있다.

- 정신적 장벽을 극복하기 위해서는 '소개 가치'를 자사, 소개하는 사람, 소개받는 사람 모두의 입장에서 이해하는 것이 필요하다.

- 적절한 소개 어프로치 타이밍은 '계약 시', '납품 시', '납품 1~3개월 후'이다.

- 소개·입소문이 잘 발생하도록 하기 위해서는 자사의 특징을 '넘버 원', '온리 원', '퍼스트 원'의 관점에서 정리한다.

- 소개 영업에 뛰어난 영업 담당자는 신규 영업에도 강한 경우가 많은데, 이는 '호감 형성', '신뢰 형성' 기술을 갖추고 있기 때문이다.

- 소개 의뢰를 하기 전에 기존 고객의 인맥 네트워크를 파악한다.

- 소개 어프로치를 시도하기에 앞서 '대의명분(회사의 진심과 관여자의 혜택)'을 전한다.

- 소개할 사람이 떠오르지 않는다는 장벽을 극복하기 위해서는 지정 의뢰가 효과적이다.

- 소개 후보가 나왔을 때는 자신, 소개하는 사람, 소개받는 사람 모두를 그때, 그 자리에서 이어지게 하는 중개 의뢰를 한다.

- 소개 후보가 나왔을 때는 자신, 소개하는 사람, 소개받는 사람 모두를 그때, 이미 소개 실적이 있는 고객에게서 또 다른 소개를 발생시키기 위해서는 개인·팀·제도 프레임별로 방법을 달리해 활동한다.

경영 전략으로서의 영업

# 시스템화와 PDCA

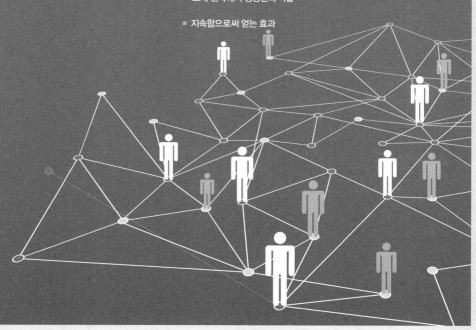

customer referrals
+
recommendations

4S 그 네 번째 S:
## 시스템System

●●●　　4S의 마지막인 시스템System에 대해 설명하기 전에 우선 이 장에서 다룰 시스템의 정의를 확인하고 넘어가자. 7장에서는 시스템을 '성과 창출 패턴을 광범위하게 실현·지속시키기 위해 조직에서 운용하는 제도(룰)'라고 정의한다.

회사나 업계, 더 나아가 국경을 초월해 소개라는 성과를 실현하며 지속시키기 위해서는 조직에서 운용해야 하는 제도 또는 룰이 필요하다. 이를 위해 이 장에서는 시스템 구축 방안에 대해 '관리 지표', '툴', '경영진의 역할'이라는 관점에서 고찰해보고자 한다.

# 소개 활동의 관리 지표

　　●●　　　수많은 회사들 중 소개 관리 지표를 설정하고 있는 곳은 매우 드물다. 있다고 해도 소개·입소문으로 인한 매출액, 계약 건수, 계약 비율(전체 계약 건수 중에서 소개·입소문 루트를 통해 들어온 계약 건수의 비율) 정도에 불과하다. 하지만 이것들은 모두 결과 지표에 불과하다. 즉, 성공 패턴을 재현하고 지속시킬 수 있느냐는 관점에서는 별로 도움이 되지 않는다. 성공 패턴 책정을 위해서는 중간 지표인 '프로세스 지표'가 필요하다. 예를 들면 소개를 통한 정식 제안 건수, 6장에서 설명한 중개 의뢰 후의 3자 상담 건수, 소개를 통한 상담 건수 등이 이에 해당한다.

　　먼저 소개 활동 프로세스 지표를 채택할 때 고려해야 할 점에 대해 생각해보자. 가장 중요한 점은 선행 지표는 최종 결과와 상관관계가 깊어야 한다는 것이다.

　　상담을 통한 계약 성사 사례가 많은 비즈니스의 경우는 '소개로 발생한 상담 건수'를 관리하면 된다. 단, 소개에서 계약까지 시간이 걸리거나 상담을 해도 정식 제안으로 이어진다는 보장이 없는 경우는

'소개로 발생한 정식 제안 건수'를 관리한다.

예를 들어 소개를 받아 시스템 개발 영업을 하러 갔어도 "금액이 전혀 맞지 않다"거나 "시스템을 교체한 지 1년밖에 안 돼 앞으로 10년은 필요 없다"는 반응을 보일 때가 있다. 이런 경우에는 정식 제안 건수를 관리해야 한다.

DATA 7-1에서 알 수 있듯이, 프로세스 지표는 계단 형태로 되어있다. 왼쪽 밑에서부터 순서대로 계단을 밟아 올라가는 이미지다.

하지만 여기에 제시한 것을 모두 관리 지표로 삼으면 안 된다. 그렇게 하다가는 관리만 하다가 아무 일도 할 수 없게 된다. 따라서 그림의

● **DATA 7-1 소개 활동의 관리 지표** ●

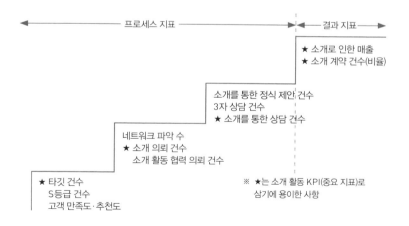

계단 3개에서 각각 지표 하나씩만 골라서 관리하는 것이 바람직하다.

그중에서도 ★ 표시는 KPI<sub>Key Performance Indicators</sub>(중요 업적 평가 지표)로서 비교적 많은 기업이 지표로 삼고 있는 것이다. 상단에 위치한 '소개로 발생한 상담 건수'와 하단 '타깃 건수'에 중간의 '소개 의뢰 수'를 추가해 관리하는 기업도 많다. 소개 활동을 막 시작한 회사라면 프로세스 지표로 이 2~3개를 관리하면서 최종적으로는 '결과 지표'를 잘 취합해나가면 된다.

그 밖의 지표는 상급자용이다. 정말 세세하게 관리하고 싶다면 6~7개 지표를 세워 관리해도 되지만, 사실 그다지 추천하고 싶지는 않다. 직원 200~300명 정도의 중소기업은 프로세스 지표 1~2개와 결과 지표만 취합하는 것이 좋다. 지표를 너무 많이 늘리면, 전 직원이 입력 작업에만 매달려야 한다. 그러면 소개 활동을 하는 게 중심인지, 기록하는 게 중심인지 헛갈리는 지경이 된다.

그러나 대기업의 경우는 다르다. 데이터가 빈약하면 분석·비교를 통해 드러나는 과제를 발견하기 어려울 수 있다. 이 경우 경영기획실 등의 부서 안에 담당자를 두어 프로세스 지표 3~4개 정도를 관리하도록 하는 것이 좋다. 지표 수는 기업의 규모에 따라 다르다.

예를 들어 전국 30여 개 영업소 전 지점에서 소개 강화를 실시하고 있다. 그런데 A 영업지점은 소개 활동이 잘 이루어지지만, B 영업지

점은 전혀 성과가 없다고 가정해보자. 이런 경우에는 아무리 결과를 분석해도 원인을 규명할 수 없다. 바로 이럴 때 프로세스 지표가 있다면 쉽게 원인을 알아낼 수 있다.

예를 들어 A 영업지점이 성과를 낼 수 있었던 것은 '소개 의뢰 건수'가 많아서임이 명확해지면 소개 의뢰 시도 건수가 계약 건수로 이어지는 인과관계가 일목요연해진다.

하지만 만약 '타깃 건수'의 차이 때문이라면 애당초 과거에 보유한 고객 자산에 차이가 있기 때문에 간단히 해결할 수 없음을 바로 알 수 있다.

소개 활동으로 주목할 만한 성과를 내기 위해서는 ★ 표시 항목을 중심으로 프로세스 지표를 만들고 숫자로 분석해가는 과정이 무엇보다 중요하다.

다시 한 번 프로세스 지표 DATA 7-1로 돌아가 보자. 가운데 윗부분이 영업(6장) 영역에서 다룬 내용을 지표화했다면, 가장 아랫부분은 고객 세분화(4장)와 고객 만족(5장) 내용을 수치화한 것이다. 다음에서는 각 지표에 대해 간단히 설명하겠다.

### 타깃 건수

'타깃 건수'란, 자신과 회사 또는 영업소가 소개 의뢰할 타깃을 얼마나 보유하고 있는지를 나타낸 것이다. 어디까지를 타깃으로 삼을 것인가는 회사에 따라 다르지만, 고객 등급으로 분류한 경우는 S에서 B등급 정도까지를 타깃으로 삼는 기업이 많다.

### S등급 건수

타깃 건수가 너무 많을 경우는 S등급 고객에 초점을 맞출 필요가 있다. 영업 조직의 업무는 바쁘다. 소개 활동만 할 수는 없다. 예를 들어 거의 매일 고정 고객을 방문하는 도매 영업 등은 S, A, B등급까지 모두 방문할 시간적 여유가 없을 가능성이 높다. 따라서 S등급만이라도 확실히 관리하기 위해 각 거점별 또는 전사 차원에서 'S등급 건수'를 추출하기도 한다.

### 고객 만족도·추천도

고객 등급을 판정하는 기준 중 하나였던 '고객 만족도'나 '추천도'

를 지표로 세우는 일도 가능하다. 드문 경우이기는 하지만, 소개 활동을 활발히 하는데도 소개 건수가 좀처럼 오르지 않는 경우가 있다. 이런 경우 그 실태를 살펴보면, 상품·서비스 질이 낮아서 만족도나 추천도가 오르지 않는 등의 근본적인 문제를 안고 있는 사례도 있다.

### 네트워크 파악 건수

'네트워크 파악 건수'란 상담을 통해 네트워크 파악이 끝난 고객의 숫자다. 소개를 의뢰하기 전에는 상담 등을 통해 고객별 인맥을 파악하는 작업을 하는데 이 작업을 완료한 고객을 '네트워크 파악 건수' 1건으로 기록한다. 고객 100명이 있다면 그중에서 몇 명의 네트워크를 파악하느냐가 성패를 좌우한다.

앞에서 각 지표에 대해 간단히 살펴보았는데, 이러한 정보가 쌓이면 소개를 의뢰할 때 정확도가 높아지므로 이를 바탕으로 소개 의뢰를 하면 된다.

예를 들면 DATA 7-2는 프로세스 지표 사례인데 왼쪽부터 '타깃 건수'와 '소개 의뢰 건수', '소개로 발생한 상담 건수', 그리고 결과 지표인 소개 계약 건수, 계약 금액 순으로 이루어져 있다. 타깃 220건 중에서 소개를 의뢰한 것은 84건, 상담이 36건이다. 이 가운데 14건이

## ● DATA 7-2 프로세스 데이터 ●

| | 타깃 건수 | 소개 의뢰 건수 | 소개를 통한 상담 건수 | 소개 계약 건수 | 계약 금액(천 엔) |
|---|---|---|---|---|---|
| **A팀** | 20 | 9 | 7 | 3 | 7,630 |
| 가토 | 9 | 3 | 2 | 1 | 30 |
| 야마모토 | 6 | 4 | 0 | 0 | 0 |
| 다나카 | 5 | 2 | 5 | 2 | 7,600 |
| **B팀** | 59 | 26 | 15 | 4 | 13,040 |
| 사토 | 6 | 3 | 0 | 0 | 0 |
| 고노 | 20 | 9 | 9 | 3 | 8,540 |
| 카미무라 | 12 | 7 | 4 | 0 | 0 |
| 히라이 | 6 | 4 | 1 | 0 | 0 |
| 아라이 | 15 | 3 | 1 | 1 | 4,500 |
| **C팀** | 22 | 13 | 5 | 5 | 7,620 |
| 쿠보 | 14 | 8 | 2 | 1 | 3,200 |
| 하야가와 | 8 | 5 | 3 | 4 | 4,420 |
| 무카이 | 0 | 0 | 0 | 0 | 0 |
| 다무라 | 0 | 0 | 0 | 0 | 0 |
| **D팀** | 50 | 16 | 4 | 0 | 0 |
| 오가와 | 20 | 5 | 0 | 0 | 0 |
| 다카노 | 12 | 3 | 0 | 0 | 0 |
| 야마무라 | 14 | 6 | 4 | 0 | 0 |
| 기시노 | 4 | 2 | 0 | 0 | 0 |
| **E팀** | 21 | 8 | 3 | 2 | 900 |
| 다카무라 | 8 | 2 | 1 | 1 | 800 |
| 엔도 | 6 | 4 | 0 | 0 | 0 |
| 야마다 | 7 | 2 | 2 | 1 | 100 |
| 나카시마 | 0 | 0 | 0 | 0 | 0 |
| 사카모토 | 0 | 0 | 0 | 0 | 0 |
| **F팀** | 35 | 10 | 2 | 0 | 0 |
| 다카하시 | 10 | 5 | 1 | 0 | 0 |
| 도이 | 8 | 1 | 0 | 0 | 0 |
| 스기모토 | 10 | 3 | 0 | 0 | 0 |
| 오쿠다 | 0 | 0 | 0 | 0 | 0 |
| 스즈키 | 7 | 1 | 1 | 0 | 0 |
| **G팀** | 13 | 2 | 0 | 0 | 0 |
| 하야세 | 7 | 1 | 0 | 0 | 0 |
| 노무라 | 6 | 1 | 0 | 0 | 0 |
| 니시가와 | 0 | 0 | 0 | 0 | 0 |
| 계 | 220 | 84 | 36 | 14 | 29,190 |

경영 전략으로서의 영업

계약에 성공해 최종적으로 2,919만 엔이라는 매출을 올렸음을 표를 통해 알 수 있다.

영업 담당자별로 보면, 원래 타깃 건수가 제로여서 의뢰 시도조차 못한 사람도 있고, 의뢰는 했지만 좀처럼 상담으로 이어지지 않은 사람도 있다. 결과를 낸 사람과 내지 못한 사람이 있다는 것은 의뢰 방법의 질에 차이가 있었기 때문이라고 판단된다. 예를 들어 B팀은 26명에게 의뢰를 해 15건을 상담했다. 의뢰 수도 많고 상담으로 연결된 비율도 높은 반면, F팀은 10명에게 의뢰해 2건의 상담밖에 따내지 못했다.

프로세스 지표를 관리하면 각자의 과제를 발견하는 것도 가능하다. 예를 들어 C팀 무카이의 경우, 원래 타깃이 없었기 때문에 소개 자체가 어려웠다. E팀의 야마다는 대상이 7건이나 있는데도 소개 의뢰는 2건밖에 하지 않았음을 볼 때, 우선은 성실히 의뢰하는 자세가 필요해 보인다.

E팀의 엔도는 타깃 6건 중 4건에 어프로치했는데도 아직 1건의 상담도 성사시키지 못했다. 즉, 엔도는 상담으로 연결시키기 위한 어프로치의 질이 낮은 게 아닐까 하는 의문을 가져볼 수 있다. 이와는 대조적으로 D팀의 야마무라는 어프로치와 상담 건수가 많음에도 아직 계약 성사 건수는 하나도 없다. 아마도 중개 의뢰가 잘 이루어지지

않고 있기 때문이라고 생각해볼 수 있다. 이처럼 데이터를 통해 각자의 과제를 읽을 수 있다.

또 D팀에는 뚜렷한 문제점이 보인다. 타깃이 많은데도 어프로치를 하지 않기 때문에 계약에 이르지 못하고 있다. 이런 경우 D팀 고객을 C팀 등에 인계하는 것이 소개 발생 건수를 높이는 방법일 수 있다.

이러한 예를 통해 알 수 있듯이, '계약 건수', '계약 금액'과 같은 결과 지표만을 봐서는 무엇이 문제인지 파악할 수 없다. 타깃 수는 많지만 활동을 하지 않아 성과가 제로인 사람과 애당초 타깃 건수가 적어 제로인 사람을 같은 축에 놓고 비교하는 것은 아무런 의미가 없기 때문이다.

## 소개 의뢰 건수

'소개 의뢰 건수'는 소개 의뢰나 지정 의뢰를 한 고객의 숫자를 말한다. 여기에서 주의해야 할 점은, 매우 단시간에 어쩌다 보니 소개를 의뢰하게 된 케이스는 제외시켜야 한다는 것이다. 6장에서 제시한 포인트에 따라 획득한 소개 의뢰가 카운트의 대상이 된다.

## 소개 활동 협력 의뢰 건수

'소개 활동 협력 의뢰 건수'는 고객에게 소개나 입소문 확대에 협조해줄 것을 의뢰해 동의를 얻은 숫자를 말한다. 소개 의뢰를 했지만 상대방이 소개할 사람이 바로 떠오르지 않아 당황할 때는 고객에게 "좋은 소문을 많이 내주세요"라든가 "이러이러한 자리에서 항상 지속적으로 상품에 대해 홍보해주세요"라고 의뢰한다. 고객이라는 서포터가 다방면에서 움직이도록 하면 얼마든지 다른 각도에서 홈런이 나올 수 있다.

# 사내용 툴

## 소개 매뉴얼

조직에서 운영하는 제도나 룰의 하나로 매뉴얼이 있다. 일반적으로 많은 회사에 이미 영업 매뉴얼이 존재하기 때문에 여기서는 소개 영업 매뉴얼에 대해 살펴보겠다. 지금까지 살펴본 것처럼 소개 영업에는 일정한 성공 패턴이 있다. 따라서 충분히 매뉴얼로 만들 수 있다. 하지만 소개 활동만으로 독립 매뉴얼을 만들면 매뉴얼 수만 늘어나고 내용도 잘 침투되지 않을 우려가 있다. 따라서 영업 매뉴얼과 소개 매뉴얼을 하나로 묶어 제작하는 것을 추천하고 싶다.

예를 들어 50페이지 분량의 영업 메뉴얼이 있다고 가정하면, 마지막 부분에 10장 정도의 소개 매뉴얼을 덧붙여 총 60페이지 분량인 1권의 매뉴얼로 정리하는 것이다. 영업 활동과 소개 영업은 본래 하나의 개념 안에서 설명되어야 한다. 원활한 업무 흐름을 위해서도 1권으로 정리하는 것이 좋다.

어느 유명 기업의 강의 자리에서 "어떤 업무까지 할 수 있어야 영업사원으로서 홀로서기를 했다고 생각하는가?"라고 질문하자, 좌중에서 "혼자서 계약을 따는 것까지"라는 대답이 나왔다. 하지만 그것으로는 충분하지 않다. 다시 말해, 영업사원은 계약한 고객이 지속적으로 만족하도록 양질의 서비스를 제공하고, 그 만족감을 바탕으로 '다른 고객을 소개받는' 단계에까지 이르러야 비로소 홀로서기가 가능하다고 정의할 수 있다.

명확한 목표가 제시되어 있으면 모두가 그 목표를 향해 나아가려고 한다. 매뉴얼 안에 계약 성사 후에 취해야 할 어프로치 방법과 납

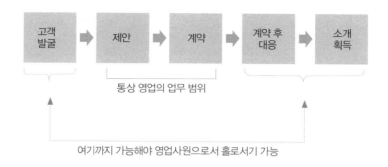

● DATA 7-3 홀로서기 한 영업사원의 업무 범위 ●

| 고객 발굴 | ➡ | 제안 | ➡ | 계약 | ➡ | 계약 후 대응 | ➡ | 소개 획득 |

통상 영업의 업무 범위

여기까지 가능해야 영업사원으로서 홀로서기 가능

품 후 고객 만족도가 절정에 달했을 때 소개를 의뢰하는 방법, 그리고 인맥 네트워크를 파악하는 방법이 기재되어 있으면 자연스럽게 숙지할 수 있다.

요즘 영업 담당자들이 소개 활동을 하지 않는 이유 중 하나는 회사가 '소개 영업을 할 수 있어야 홀로서기'라는 명확한 기준을 제시하지 않기 때문이다. 아이를 양육하는 것과 마찬가지로, 여기까지 해야 비로소 어른이라는 명확한 가이드라인이 없으면 마땅히 해야 할 일임에도 하지 않으려고 한다. 해야 할 일은 처음부터 매뉴얼에 넣어야 한다. 작은 일처럼 보이지만 이것만으로도 소개 활동에 대한 조직 전체의 당연함에 대한 기준이 분명 올라갈 것이다.

# 고객용 소개 툴

매뉴얼이 사내용 툴이라면 그다음으로 필요한 것이 고객용 툴이다. 소개 어프로치의 질을 균일하게 유지하기 위해서라도 조직 차원에서 준비할 필요가 있다. 고객용 소개 툴은 크게 2가지로 나뉜다. 타깃 고객을 선별하기 위한 세분화용과 소개 어프로치의 질을 안정시키는 영업용이다. 구체적인 사례를 통해 이것을 살펴보자.

## 세분화용 소개 툴

### 1) CS 설문지

많은 기업이 상품이나 서비스와 관련된 CS 설문지를 만들어 조사하고 있다. 하지만 질문 내용을 살펴보면 만족도에 대한 항목은 있어도 소개·입소문 실적이나 추천 의사를 묻는 항목이 있는 경우는 드물다. 이 때문에 애써 설문지 조사를 실시했음에도 소개 전략에는 크게 활용되지 못하는 사례가 허다하다.

게다가 B2B 기업의 경우 대부분 설문지 조사 자체를 실시하지 않는다. 특히 고빈도 상품의 경우 꾸준히 재구매가 이어지는 것은 어느 정도의 고객 만족도가 유지되고 있기 때문이라고 믿고 설문지 조사의 필요성을 느끼지 않는 기업이 많다. 고객 생애 가치 중심의 발상이 아직도 뿌리 깊게 남아 있기 때문이다.

물론 보통 수준의 만족도만으로도 계약은 유지되겠지만, 소개·입소문을 창출하기 위해서는 소개 의향과 만족도 같은 요소들을 파악할 필요가 있고, 이를 위해서는 설문지 조사를 유효하게 활용해야 한다.

실제 사례를 통해 살펴보자. 주택 판매 회사 A사가 사용하고 있는 설문지(DATA 7-4)의 14번 문항과 B2B 기업의 설문지(DATA 7-5) 7번 문항에서 볼 수 있듯이 만족도를 물은 후에 소개 의향을 솔직하게 묻고 있다. 과거에 실제로 추천한 경험이 있는 사람에게는 몇 명 정도 추천했는지 구체적인 숫자를 기입할 것을 요구한다.

CS 설문 조사를 하는 회사라면 고객 만족도에 관한 항목이 반드시 있을 것이다. 거기에 소개 의향과 만족도 요소를 묻는 항목을 집어넣는 것으로 충분하다. 이 2가지 숫자를 분석함으로써 소개 의향과 만족도 향상을 위한 구체적 방법을 모색할 수 있다.

| | | | | | |
|---|---|---|---|---|---|
| 1. 약속한 날·시간에 방문해 보수 공사를 했다 | 4 | 3 | 2 | 1 | 0 |
| 2. 다른 세대를 배려하며 보수 공사를 했다 | 4 | 3 | 2 | 1 | 0 |
| 3. 꼼꼼하게 작업했다 | 4 | 3 | 2 | 1 | 0 |
| 4. 보수한 부분을 고객과 함께 확인했다 | 4 | 3 | 2 | 1 | 0 |
| 5. 예정 시간 안에 공사를 마쳤다 | 4 | 3 | 2 | 1 | 0 |
| 6. 보수 후에 깨끗이 뒷 정리를 했다 | 4 | 3 | 2 | 1 | 0 |
| 7. 수리한 곳이 기대한 대로 처리됐다 | 4 | 3 | 2 | 1 | 0 |

問12. 문제가 생겨 연락·상담했을 때 (회사명)의 대응에 어느 정도 만족하십니까?

| 크게 만족 | 꽤 만족 | 조금 만족 | 보통 | 조금 불만 | 꽤 불만 | 크게 불만 |
|---|---|---|---|---|---|---|
| 7 | 6 | 5 | 4 | 3 | 2 | 1 |

問13. 문제가 생겨 연락·상담했을 때 (회사명)의 대응에 대해 의견이나 요구 사항이 있으면 기입해주세요.

| |
|---|
| |
| |
| |

問14. (회사명)의 '물건'을 친구나 지인에게 소개하시겠습니까?

| 1 | 실제로 추천했다 |
|---|---|
| 2 | 집을 짓고 싶어하는 친구·지인이 있다면 꼭 소개하고 싶다 |
| 3 | 잘 모르겠다 |
| 4 | 별로 소개하고 싶지 않다 |
| 5 | 절대로 소개하고 싶지 않다 |

問15. 問14에서 '1. 실제로 추천했다'에 ○표를 한 분에게 묻습니다.
　　　몇 분의 친척·친구·지인에게 추천했습니까?

| 1 | 1명에게 추천했다 | 2 | 2명에게 추천했다 | 3 | 3명에게 추천했다 |
|---|---|---|---|---|---|
| 4 | 4명에게 추천했다 | 5 | 5명 이상에게 추천했다 | | |

問16. 마찬가지로 問14에서 '1~3'에 ○표를 한 분에게 묻습니다.
　　　구체적으로 어떤 점을 추천했습니까? 또는 추천하고 싶다고 생각합니까?
　　　가능한 한 구체적으로 기입해주세요.

| |
|---|
| |
| |
| |

問17. (회사명)의 '영업 담당자'를 친구나 지인에게 소개하시겠습니까? 해당하는 번호에 ○표 해주세요.

| 1 | 실제로 친구나 지인에게 소개했다 |
|---|---|
| 2 | 집을 짓고 싶어 하는 친구나 지인이 있다면 꼭 소개하고 싶다 |

## ● DATA 7-5 B2B 기업의 설문지 조사 예 ●

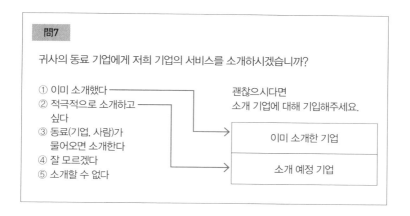

### 2) 전화 조사 질문

CS 설문지 조사를 해도 회수율이 매우 낮은 경우가 있다. 그런데 자사 고객의 현상을 파악하기 위해서는 설문지가 일정 비율 이상으로 회수되어야 한다. 회수율이 올라가지 않을 경우에는 별도의 대책이 필요하다. 그 대책 중 하나로 외부 콜센터를 이용해 전화로 직접 고객의 의견을 듣는 방법이 있다. 기본적으로는 설문지 조사와 흐름이 같지만, 전화용 질문(DATA 7-6)을 준비해두면 응답 유효율을 더 높일 수 있다.

## ● DATA 7-6 전화용 지문 예(일부분) ●

【○○○그룹】 커뮤니케이션센터 설립 안내&만족도 조사 전화

▼인사
　○○고객님 댁이시죠? 저는 ○○○회사 '커뮤니티센터'의 ××라고 합니다.
갑자기 전화드려 죄송합니다 / 바쁘신 중에 죄송합니다만, △△고객님 계십니까?

무슨 용건?

　네, 지난번에 우편으로도 안내해 드린 '고객 설문지'에 관한 건으로 전화드렸습니다.

채택　　　부재

　그러세요? △△고객님은 언제쯤 댁에 계세요?
　(재택일자 확인) 감사합니다. 그럼 다음에 다시 전화드리겠습니다.

▼DM 인지
　(△△고객님 되십니까?(갑자기 전화드려 죄송합니다 / 바쁘신 중에 죄송합니다
저는 ○○○회사 '커뮤니티센터'의 ××라고 합니다)
지난번에 '커뮤니티센터 설치 안내'라는 우편물을 보내드렸는데 받으셨나요?

▼용건 설명
・ 받았다 ⇒ 감사합니다. 바쁘셨겠지만 내용을 확인하셨나요?
・ 안 받았다 ⇒ 그렇습니까? 전화로 인사를 드리게 되어 죄송합니다.
　　　　　　　(곧 도착할 거라고 생각합니다만…)

이번에 저희 회사에서 '커뮤니티센터'를 개설하게 되었습니다. 이 센터를 통해 고객님의 주거에 대한 감상과 ○○○회사에 대한 인상 등을 여쭤어보고 향후 서비스 개선에 반영하고자 합니다. 죄송하지만 협력해주실 수 있는 범위 안에서라도 좋으니 잠깐만 시간 좀 내주실 수 있으십니까?

네

・ 어느 정도 걸려요?
　'간단한 질문이라서 3~4분 정도 걸립니다'
・ 거부/바쁘다
　알겠습니다. 바쁘신 중에 실례했습니다. (그럼 다시 전화드리도록 하겠습니다)

①▼주거 만족도
　집 건축에 대해 '○○○회사를 선택하길 잘했다'고 느끼고 계십니까?
　(회답은 읽지 않는다. TC의 판단으로 번호에 ○한다)
1. 매우 좋다  2. 좋다  3. 어느 쪽도 아니다  4. 좋다고 말할 수 없다  5. 좋지 않다  6. 무응답

・ [3, 4, 5] 라고 대답한 분 ⇒ 그렇습니까? (○○고객님의 기대에 부응하지 못하여 매우 유감스럽습니다) 괜찮으시다면 앞으로 참고하고자 하니 불만을 느낀 점을 말씀해주시겠습니까?

【　　　　　　　　　　　　　　　　　　　　　　　　　　　　　　　　】

## 영업용 소개 툴

### 1) 타이밍별 어프로치 플랜

고객에게 실제로 어프로치할 때는 어떤 타깃을 상대로 어느 타이밍에 어떤 액션을 취하는가가 매우 중요하다. 업무 평준화를 위해서라도 어프로치 방법을 제도화해두는 것이 바람직하다.

이때 기준이 되는 것은 만족도·관심도의 추이이다. 만족도가 높아지거나 낮아지는 타이밍을 표로 정리한 후, 각 타이밍에 무엇을 할지를 일목요연하게 정리해둔다. 전체적인 업무 흐름과 비슷하기 때문에 시간 순으로 정리하는 방법도 있다(DATA 7-10 참고). 어떤 방법을 쓰든 영업과 회사가 고객에게 취해야 할 행동을 타이밍별로 정확하게 정리해두는 것이 포인트다.

### 2) 네트워크 파악 자료

DATA 7-7은 한 회사가 사용하고 있는 고객 네트워크 파악 자료이다. 자사 상품과 관련된 가족, 자녀, 친구, 일, 취미 등의 정보를 폭넓게 취합하는 형식으로 이루어져 있다.

## ● DATA 7-7 네트워크 파악 자료 ●

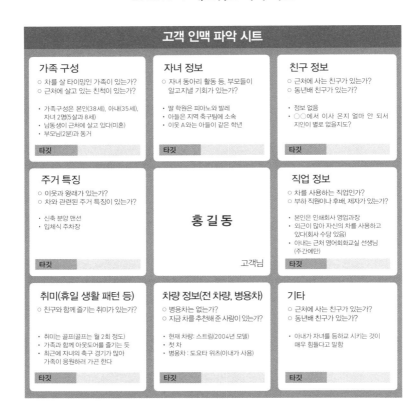

**고객 인맥 파악 시트**

**가족 구성**
○ 차를 살 타이밍인 가족이 있는가?
○ 근처에 살고 있는 친척이 있는가?

· 가족구성은 본인(38세), 아내(35세), 자녀 2명(5살과 8세)
· 남동생이 근처에 살고 있다(미혼)
· 부모님(2분)과 동거

타깃

**자녀 정보**
○ 자녀 동아리 활동 등, 부모들이 알고지낼 기회가 있는가?

· 딸 학원은 피아노와 발레
· 아들은 지역 축구팀에 소속
· 이웃 A와는 아들이 같은 학년

타깃

**친구 정보**
○ 근처에 사는 친구가 있는가?
○ 동년배 친구가 있는가?

· 정보 없음
· ○○에서 이사 온지 얼마 안 되서 지인이 별로 없을지도?

타깃

**주거 특징**
○ 이웃과 왕래가 있는가?
○ 차와 관련된 주거 특징이 있는가?

· 신축 분양 맨션
· 입체식 주차장

타깃

**홍 길 동**

고객님

**직업 정보**
○ 차를 사용하는 직업인가?
○ 부하 직원이나 후배, 제자가 있는가?

· 본인은 인쇄회사 영업과장
· 외근이 많아 자신의 차를 사용하고 있다(회사 수당 있음)
· 아내는 근처 영어회화교실 선생님 (주간에만)

타깃

**취미(휴일 생활 패턴 등)**
○ 친구와 함께 즐기는 취미가 있는가?

· 취미는 골프(골프는 월 2회 정도)
· 가족과 함께 아웃도어를 즐기는 듯
· 최근에 자녀의 축구 경기가 많아 가족이 응원하러 가곤 한다

타깃

**차량 정보(전 차량, 병용차)**
○ 병용차는 없는가?
○ 지금 차를 추천해 준 사람이 있는가?

· 현재 차량: 스트림(2004년 모델)
· 첫 차
· 병용차 : 도요타 위츠(아내가 사용)

타깃

**기타**
○ 근처에 사는 친구가 있는가?
○ 동년배 친구가 있는가?

· 아내가 자녀를 등하교 시키는 것이 매우 힘들다고 말함

타깃

### 3) 소개 어프로치 책자

실제 영업 현장에 DATA 7-8과 같은 자료를 지참하면 경력 등에 관계없이 일정 수준의 소개 어프로치가 가능하다.

# 소개 영업 선언!!

저희는 전시장이 없는 '소개 영업부'에 속해 있습니다.

1 전시장·전단지 등의 판촉비를 최대한 사용하지 않고 고객님의 내 집 건축을 도와드립니다. 불필요한 경비를 최소한으로 줄이고 있기 때문에 고객님에게 '이익 환원'이 가능합니다.

2 앞으로의 내집 건축은 기업과 고객 모두가 Win-Win인 '소개 영업'이 중요하다고 생각합니다.

3 저희는 앞으로도 고객님이 소개해주신 친구나 지인들에게 '봉사'한다는 정신으로 내 집 건축을 서포트해나가겠습니다.

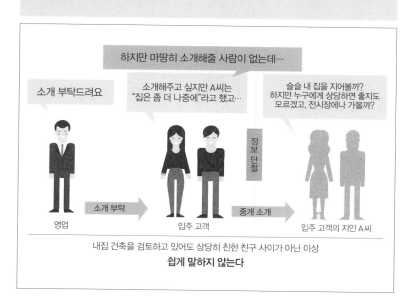

하지만 마땅히 소개해줄 사람이 없는데…

소개 부탁드려요

소개해주고 싶지만 A씨는 "집은 좀 더 나중에"라고 했고…

슬슬 내 집을 지어볼까? 하지만 누구에게 상담하면 좋을지도 모르겠고, 전시장에나 가볼까?

정보 단절

영업 → 소개 부탁 → 입주 고객 → 중개 소개 → 입주 고객의 지인 A씨

내집 건축을 검토하고 있어도 상당히 친한 친구 사이가 아닌 이상

**쉽게 말하지 않는다**

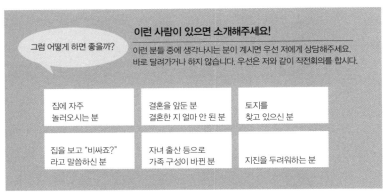

**이런 사람이 있으면 소개해주세요!**

그럼 어떻게 하면 좋을까?

이런 분들 중에 생각나시는 분이 계시면 우선 저에게 상담해주세요.
바로 달려가거나 하지 않습니다. 우선은 저와 같이 작전회의를 합시다.

| | | |
|---|---|---|
| 집에 자주 놀러오시는 분 | 결혼을 앞둔 분 결혼한 지 얼마 안 된 분 | 토지를 찾고 있으신 분 |
| 집을 보고 "비싸죠?" 라고 말씀하신 분 | 자녀 출산 등으로 가족 구성이 바뀐 분 | 지진을 두려워하는 분 |

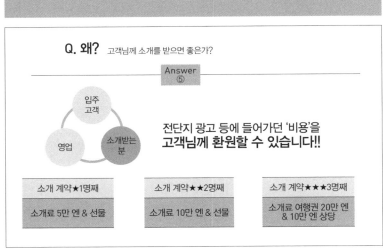

**Q. 왜?** 고객님께 소개를 받으면 좋은가?

Answer
⑤

입주
고객

영업    소개받는
분

**전단지 광고 등에 들어가던 '비용'을
고객님께 환원할 수 있습니다!!**

| 소개 계약 ★1명째 | 소개 계약 ★★2명째 | 소개 계약 ★★★3명째 |
|---|---|---|
| 소개료 5만 엔 & 선물 | 소개료 10만 엔 & 선물 | 소개료 여행권 20만 엔 & 10만 엔 상당 |

# OWNER'S CLUB의 안내

**안심하고 고를 수 있는 주택, '선택하길 잘했다'고 느껴지는 주택을 소중한 가족과 친구에게.**

이러한 주택 선택의 장을 제공하고자 _____을 설립했습니다.

### 소개 특전에 대해

01 주택 선택에 관심이 있는 가족 · 친구를 점포 · 모바일에 초대

| 오너 님께 | QUO(지역사회에서 사용 가능한 카드) 카드 | 2,000엔 |
|---|---|---|
| 가족 · 친구 분께 | QOU 카드 | 2,000엔 |

02 소개해주신 가족 · 친구가 계약했을 때

| 오너 님께 | 현금 사례 | 50,000엔 |
|---|---|---|
| 가족 · 친구 분께 | 현금 사례 | 50,000엔 |

### 이러한 분을 소개해주세요

| | | |
|---|---|---|
| 결혼을 앞둔 분 결혼한 지 얼마 안 된 분 | 자녀 출산으로 가족 구성이 바뀐 분 | 같은 유치원 · 보육원 · 초등학교에 다니는 분 |
| 자주 집에 놀러가거나 "집 좋네요!"라고 말 씀하신 분 | 월세가 아깝다고 말씀하신 분 | 맞벌이 부부 |

02 소개해주신 가족 · 친구가 계약했을 때

| 1 | '4개 시에 오리지널 물건을 풍부히 보유'한 회사입니다. |
|---|---|
| 2 | __는 주부의 아이디어를 충분히 반영한 집입니다. |
| 3 | '자유설계'에 의한 나만의 차별화된 주택도 설계 가능합니다. |
| 4 | '월세 수준'의 가격으로 신축 주택을 구입할 수 있습니다. |
| 5 | 전문 부서가 있어 가능한 '주택대출 · 금리'에 강한 회사입니다. |

## 4) 소개 제도 일람표

소개하는 사람과 소개받는 사람을 위한 혜택을 마련하는 기업도 많은데 소개 건수, 캠페인 등의 타이밍, 연수에 따라 혜택 내용이 변하기 때문에 DATA 7-9처럼 일람표로 만들어두면 편리하다. 이처럼 고객이 한눈에 알 수 있도록 작성해두면 일람표 자체를 영업 도구로 활용할 수도 있다.

매뉴얼과는 별도로, 소개의 경우 '업무 흐름'이 매우 중요하다. DATA 7-10은 어떤 회사의 소개 영업 흐름을 정리한 것이다. 소개를 받는 사람과 받지 못하는 사람의 차이는 머릿속에 업무 흐름이 제대로 정리되어 있느냐, 그렇지 않느냐이다. 첫째 머릿속에만 있는 스킬을 실제 자료로 구현하고, 둘째 어프로치 결과를 참고해 지속적으로 개선해나가는 것. 이 2가지만 제대로 기능한다면 소개뿐 아니라 재구매 실적도 틀림없이 증가할 것이다.

# ● DATA 7-10 소개 활동의 흐름 ●

| 업무 순서 | 과제 | 행동 | 자료 | 평가지표 |
|---|---|---|---|---|
| 1장:<br>타깃 선정 | ① 만족도가 높은지의 여부 | ⇒① 전화 조사로 '만족도' 확인 | ※ 텔레콜 전화 지문 | ⇒'S' 'A' 등급 수 |
| | ② 소개할 성격인지의 여부 | ⇒② '소개 경험', '추천 의사' 확인 | | |
| 2장:<br>CS 향상 | ① 영업 담당자가 바뀌었다 | ⇒① 관리부의 동향<br>⇒② 소개 영업의 의미·특전 설명<br>⇒③ 이벤트 기획과 개최 | ⇒소개 그림 연극<br>⇒소개 카드<br>⇒이벤트 전단지 | ⇒상담 건수<br>⇒이벤트 설문 |
| | ② 이사한 지 한참 지났다 | ⇒② 만족 포인트 확인 | ※ 전화 조사 결과<br>(만족 포인트) | |
| 3장:<br>인맥 파악 | ① 상대방 인맥을 모른다 | ⇒① 인맥 히어링 | ⇒친구 히어링 시트<br>※ 인맥 체크 시트 | |
| 4장:<br>소개 의뢰 | ① 소개 의뢰에 대한 저항감이 있다 | ⇒① 소개 활동 메리트를 설명 | ⇒소개 그림 연극 | |
| | ② 고객이 소개할 사람을 떠올리지 못한다 | ⇒② 고객의 인맥 파악<br>② 인맥을 참고로 특정 의뢰 | ⇒친구 히어링시트<br>※ 인맥 체크 시트 | ⇒특정 의뢰 건수 |
| | ③ 소개할 사람이 없다 | ⇒③ 고객의 인맥을 파고든다 | | |
| | ④ 소개 후보가 나왔다 | ⇒'5장'으로 | | |
| | ⑤소개할 사람이 명확해졌다 | ⇒'6장'으로 | | |
| 5장:<br>특정 의뢰 | ① 소개 방법을 모른다 | ⇒① 이야기 꺼내는 방법을 가르친다 | '화제 꺼내기'<br>그림연극 | |
| 6장:<br>활동 지정<br>중개 의뢰 | ① 소개받을 사람과 실제로 만날 수 없다 | ⇒① 영업 담당자와 만났을 때의 메리트를 전한다 | '화제 꺼내기'<br>그림연극 | ⇒3자 상담 건수 |
| | ② (상담 시에) 좀처럼 고객 서포트를 얻을 수 없다 | ⇒만족 포인트를 확인한다 | | |
| 7장:<br>재소개화 | ① 소개를 해준 고객의 신용을 잃어 다음 소개를 받지 못했다 | ⇒① 무조건 자주 연락한다<br>(상담 도중일 때)<br>어떻게 하면 좋은지 조언을 구한다<br>(계약이 이루어지지 않은 경우)<br>결과와 감사의 마음을 전한다 | | |

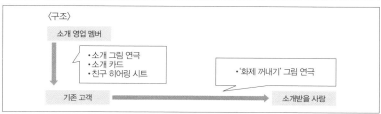

〈구조〉

소개 영업 멤버
- 소개 그림 연극
- 소개 카드
- 친구 히어링 시트

- '화제 꺼내기' 그림 연극

기존 고객 ➡ 소개받을 사람

# 소개 전략에서 경영진의 역할

●●    소개 전략에서 경영진에게 요구되는 역할은 2가지다.

첫째는 진지하게 소개에 임하는 자세를 직원들에게 보이는 것이다. 일상 영업에 덧붙여서 소개 활동에 돌입할 경우, '시간이 없다'거나 '지금 하고 있는 활동이 더 중요하다'는 등의 불평과 장애 요소가 반드시 발생한다. 그렇다고 소개 활동을 뒤로 미뤄버리면 금세 5년, 10년이 지나가버린다. 결국 마케팅 구조의 아무런 변화 없이 시대의 낙오자로 전락할지도 모른다. 경영진이 집념을 품고 소개 전략을 관철시키느냐 마느냐가 회사의 운명을 결정하는 열쇠가 된다.

'왜 소개가 필요한가?'를 명확한 비전과 함께 직원에게 전하는 일은 경영진만이 할 수 있다. 성숙 사회 진입과 함께 가치의 중심이 고객 생애 가치에서 고객 소개 가치로 바뀌는 흐름 속에서, 경영진은 소개 활동을 추진하는 의의에 대해 명확히 전달할 수 있어야 하고 그 역할을 수행해야 한다. 단, 4S에 대해 경영진이 직접 현장을 간섭할 필요는 없다. 개개의 전술은 기획 책임자와 영업 책임자에게 맡겨두면 된다.

소개 활동은, 그 중요도는 인식하면서도 긴급성에 대해서는 느긋하게 생각하는 경우가 매우 많다. 따라서 '중요도가 높다는 것=위기 감'이라는 절박한 등식을 통해 전달하는 수밖에 없다.

또 하나는 소개 활동의 유익에 대해 경영진이 뚜렷한 확신을 갖고 직원들에게 전파할 수 있느냐이다. 소개·입소문을 통해 비즈니스를 확장하는 것이 당연하다는 마인드를 경영진이 선두에 서서 전파해야 한다.

자사 상품과 서비스를 좋아하는 사람이나 회사가 많이 있으니 그 사람들의 지원을 받아 고객을 늘리는 것은 당연한 일이다. 비싼 텔레비전 광고 등에 계속 돈을 쓸 필요는 없다. 장사의 원점이 무엇인지를 직원들의 사고에 명확히 각인시키는 것, 이것이 바로 경영진에게 요구되는 역할이다.

1장에서 소개한 아마존과 스타벅스 이야기를 다시 떠올려보자.

아마존은 창업 당시부터 광고에 의존하지 않는 방식으로 사업을 전개해왔다. 그 결과 자사에서 사용하는 경비 대부분을 서비스에 집중시킬 수 있었다. 예를 들면 아마존은 상품 배송 시간을 점점 단축시키고 있다. 같은 도시 안에서는 오전 중에 주문하면 저녁 무렵에는 문 앞에 도착하는 시스템이다. 광고에 쓸 비용 전부를 서비스 개선에 투입함으로써 점차 새로운 서비스를 실현시키고 있다.

스타벅스도 마찬가지다. 광고에 거의 비용을 지출하지 않는 대신 상품·서비스에 충실을 기하고 있으며, 직원 교육에 더 많은 시간과 돈을 투자하고 있다. 2008년 2월, 미국 전 지역의 7,100개 점포를 3시간 동안 일제히 휴업시키고 직원 교육을 실시한 일은 전 세계적인 뉴스가 되기도 했다. 스타벅스의 고품질 서비스는 누구나가 인정하는 것이다. 이것이 커피 업계에서 부동의 지위를 고수하고 있는 비결이기도 하다.

텔레비전·신문·잡지 광고 등에 끊임없이 돈을 쏟아부으며 열심히 호객하는 일은 이를테면 고객에게서 받은 돈을 살지 말지도 모르는 사람에게 마구 뿌려대는 행위라고 말할 수 있다.

따라서 경영자는 회사 상품이 소개·입소문을 통해 확대되는 것이 가장 이상적인 모습이라는 것을 전사적으로 끊임없이 주지시켜야 한다. 우선은 이러한 경영진의 마인드를 사내에 침투시키는 것부터 시작해야 할 것이다.

이러한 마인드를 철저히 조직에 침투시키기 위해서는 경영진이 쉬지 않고 메시지를 발신하는 노력이 필요하다. 이를 위해 평소 직원들에게 직접 이야기하는 방법도 있고, 우수 사원에게 그에 걸맞은 평가를 내리는 방법도 있다.

똑같이 계약을 땄다고 하더라도, 회사가 일방적으로 내보내는 광고를 보고 제 발로 찾아온 고객을 상대로 계약을 딴 사람과 스스로 노력한 소개 어프로치를 통해 고객을 창출한 사람은 평가를 달리하는 사고법이다.

메시지를 언어로 전할지, 아니면 제도화할지에 대한 차이는 있지만, 이 2가지 모두 경영진이 솔선수범하여 전파해야 한다는 점은 마찬가지다. 소개 활동에 적극적으로 참여하는 사람과 그렇지 않은 사람이 동급으로 취급된다면 활발한 소개 활동을 기대하기는 어렵다.

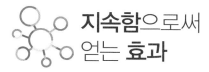

## 지속함으로써 얻는 효과

마지막으로 소개 전략을 지속적으로 펼쳤을 때 기대되는 효과에 대해 살펴보도록 하자.

소개 전략을 전사적으로 이어가다 보면, 소개 실적은 당연히 올라간다. 처음에는 눈에 띄지 않을 정도의 양이겠지만, 점점 소개로 유입된 고객의 비율이 커지게 된다.

이렇게 되면 회사 경영진 입장에서는 소개가 영업의 주요 루트라는 인식이 생기고 결과적으로 조직 차원에서 더욱더 소개에 주력하게 된다.

한편 영업 쪽에서도 소개가 우연한 결과물이 아니며 효율적인 영업 활동이라는 인식이 깊이 뿌리내린다.

지금까지 해오던 신규 영업 활동에 비해 소개 활동이 계약 성공률이 높다는 사실도 알게 된다. 어차피 같은 시간을 움직여야 한다면 소개로 계약을 성사시키는 편이 훨씬 더 효율적이며 목표를 달성하기 쉽다는 것을 몸으로 느끼게 된다.

즉, 소개 실적이 올라가면 올라갈수록 소개 전략의 가치를 더 생생히 느끼게 되는 것이다.

소개 전략을 지속함으로써 알게 되는 것이 또 하나 있다. 소개로 계약한 사람은 또 다른 소개 고객을 데려오는 경향이 강하다는 사실이다.

흔히 "깎아줘서 산 손님은 바로 도망가버린다"고 한다. 그런데 소개나 입소문은 그 반대다. "소개·입소문으로 온 고객은 좀처럼 떨어지지 않고 다음 소개를 가져온다." 애당초 소개로 계약을 했기 때문에 다음 사람을 소개하는 행위에 별다른 저항감이 없는 이유도 있을 것이다.

이렇게 소개 실적이 올라가 소개 계약 고객이 늘어나면, 회사도 자연스럽게 소개가 소개로 이어지는 고객 구조로 변하게 된다. 한 번 소개 실적이 나오기 시작하면 지속적인 성과가 계속 발생하는 것이다.

하지만 처음부터 순조롭게 진행되는 것은 아니다. 처음 반년에서 1년은 말하자면 기초를 다지는 시기다. 아직 활동에 익숙하지 않아 바로 결과가 나오지 않기도 한다. 이러한 힘든 시기를 지혜롭게 극복하고 활동을 계속해나가다 보면, 점차 선순환의 고리가 이어져 소개 전략을 당연시하는 회사 분위기로 바뀔 것이다. 그리고 이 DNA는 지속적으로 이어진다.

---

### ◉ 정리

- 시스템이란 성과 창출 패턴을 광범위하게 실현·지속시키기 위해 조직에서 운영하는 제도(룰)를 말한다.
- 시스템을 만들기 위해서는 관리 지표, 툴, 경영진의 역할이라는 3가지 시점에서 생각한다.
- 소개 활동의 중요 지표로는 '타깃 건수', '소개 의뢰 건수', '소개를 통한 상담 건수' 등이 있다.
- 툴에는 '사내용 툴(소개 매뉴얼)'과 '고객용 툴(CS 설문지, 전화용 질문, 어프로치 책자)'이 존재한다.
- 경영진의 역할은 '소개에 대한 열의'와 '소개는 유익한 활동이라는 신념'을 보이는 것이다.

# 소개 지원 사례

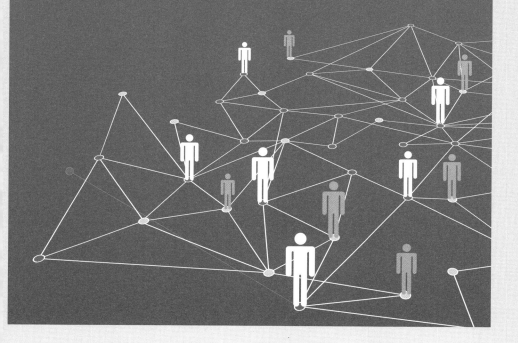

customer referrals
+
recommendations

## 소개 지원 사례 1:
# A 종합 주택 부동산 회사(B2C 기업)

●● 　　사례 1은 B2C 기업의 매출 강화를 목표로 소개 활동을
지원한 사례이다. 소개 전략에서 전술에 이르기까지 관여한 전사 단
위의 프로젝트이다.

　사례 2는 B2B 비즈니스를 전개하는 기업에 대한 소개 지원 사례
이다. 4장에서부터 이어진 4S 중 '영업'과 '시스템' 2가지에 초점을 맞
춰 영업 부문이 중심이 되어 생산성을 향상시킬 목적으로 진행된 프
로젝트이다.

　사례 1의 A 종합 주택 부동산 회사는 집이나 부동산 등의 기획·개
발·생산·판매를 일관되게 전개하는 B2C 기업이다. 이 회사는 '소개
전략을 활용한 매출 증대'라는 바람을 갖고 있었다. 주택은 원래 저빈

도 상품이기 때문에 관계자 모두가 소개·입소문의 중요성을 이해하고 있었다. 매출을 늘리기 위해 필요한 소개 전략은 무엇이라도 도입하고 싶다는 강한 의지가 이번 프로젝트로 이어졌다.

### 고객 세분화

#### 1) 고객 분류

첫 번째 4S인 고객 세분화 영역에서는 먼저 '고객 분류' 작업에 착수했다.

설문지와 콜센터를 활용해 과거 고객을 전체적으로 정리했다.

A사는 계속해서 CS 설문 조사를 해왔지만 만족도만을 파악해왔다. CS 설문지 회수율도 60%정도에 불과해 사실 모든 고객의 소리를 충분히 들을 수 없었다. 이 때문에 과연 고객에게 어느 정도의 소개 의향이 있는지, 또 나머지 40%의 의향은 어떠한지에 대해서도 제대로 알 수 없는 상태였다.

고객 세분화를 실시하기 위해 설문지 내용을 수정하고 미회수 고객을 위한 청취 조사를 외부 콜센터에 의뢰했다. 지금까지 조사해온 '만족도'에 '소개 의향'과 '만족도 요소'라는 지표를 추가하기로 했다.

과거 5년 동안에 쌓인 모든 리스트를 조사한 결과 소개 어프로치

대상, 즉 소개 의향이 높은 고객이 의외로 많다는 것을 알 수 있었다.

경영진은 더 낮은 소개 의향 지수를 예상하고 있었는데 예상을 뛰어넘는 좋은 결과였다. 특히 최근 고객일수록 이러한 경향이 강했다. 하지만 과거 고객의 경우는 만족도는 높았지만 소개 의향이 높게 나오지 않았다. 회사에 대한 인상은 좋지만 최근에 별로 접촉하지 않았기 때문에 추천할지 어떨지를 잘 모르는 상태인 경우가 많았다. 적절한 시기에 소개 의향을 물어 어프로치를 했으면 좋았겠지만 시간이 너무 흘렀다.

지금까지 CS 설문지의 행방이 묘연했던 40%의 고객 중에도 만족도가 높은 고객이 뜻밖에 많았다. 단지 아쉽게도 접촉 기간이 너무 벌어져 유효 리스트에서 벗어난 고객이 상당수였다. 회사 입장에서는 매우 안타까운 일이 아닐 수 없다. 이것을 되살리는 방법을 검토했지만 이번에는 우선순위가 낮다고 판단되어 최종적으로는 대응하지 않기로 결정했다.

### 2) 회사의 직접 관리화

다음으로는 '회사의 직접 관리화'에 착수했다. 지금까지는 CS 설문지를 회수한 후에 그 피드백 내용을 바탕으로 어프로치를 할지 말지를 영업 담당자가 팀 단위로 관리해왔다. 이 때문에 행동이 제각각

일 뿐 아니라 담당자가 이동하거나 퇴직하는 일이 생기면 고객 리스트도 함께 증발해버리는 일이 허다했다.

따라서 고객을 회사가 직접 관리하기 위해 이러한 기능을 영업기획부로 일괄적으로 이관했다. 모든 고객 리스트를 관리하고 고객 등급 분류도 시작했다. 리스트화하는 작업에 회사가 직접 관여하게 된 것이다.

이러한 변화를 통해 회사 자산이 정리되는 효과가 나타났고 앞으로도 기본적으로는 같은 지표를 가지고 데이터를 취합해나가면 된다. 매월 설문지를 보내고, 좀처럼 회신이 없는 경우는 1년에 1번 정도 콜센터를 이용해 지속적으로 데이터를 축적해가는 시스템이 구축되었다.

주택을 판매하고 나면 고객 대응은 영업 담당자의 손을 떠나 사후관리 담당자에게 넘어간다. 하지만 이들도 이동·퇴직이 있기 때문에 담당자에게만 맡겨둬서는 눈앞의 고객을 누가 관리하고 있는지를 알 수 없는 상태가 된다.

자산을 관리하는 곳이 영업 담당자에서 회사로 바뀌는 것, 이것은 소개 전략상으로도 커다란 전환점이 된다.

### 3) 등급 분류

세 번째로 '등급 분류'는 비용과 대책의 수치화라고 말할 수 있다.

A회사의 경우는 의외로 S등급과 A등급 고객이 많았기 때문에 타깃을 상위 등급으로 제한하는 것이 좋겠다는 결론이 나왔다. S와 A를 공략하는 것만으로도 매출 증대를 기대해볼 수 있겠다는 판단이 섰기 때문이다. 만약 상위 등급의 수가 적을 경우에는 'B나 C까지 대책을 확대'하는 것을 검토해야 한다.

여기서 검토의 기준이 되는 것은, 영업 담당자가 활동할 수 있는 시간에 대해 상위 등급 고객이 차지하는 비율이다. 예를 들면 100명의 영업사원이 있는데 월 10시간씩 쓸 수 있다고 가정하면 1,000시간이다. 1,000시간을 움직이기 위해 필요한 고객 수를 계산해보니 S와 A로는 500시간밖에 채워지지 않는다. 따라서 B로 내려가지 않으면 1,000시간을 소화할 수 없다는 식으로 계산해나가면 된다. S와 A만으로도 영업 활동 시간을 채웠다는 것은, A사는 비교적 우량 등급의 고객이 많았다는 의미이기도 하다.

또 고객 분류 부분에서 다뤘듯이 접촉 기간이 벌어져서 유효 리스트에서 밀려난 고객이 많았다는 사실을 통해 '설문 조사를 실시하는 것보다 신규 고객에게 초기 어프로치하는 것이 더 중요하다'는 너무나도 당연한 사실을 재확인할 수 있었다.

## 고객 만족

### 1) 소개 의향과 상관관계가 높은 요소

소개 의향과 상관관계가 높은 요소를 조사한 결과 A사는 '컬러 코디네이트'가 많았다. 이것은 실제로 데이터 분석을 해보지 않았으면 절대로 알 수 없었을 항목이다. '소개 의향'과 '만족도'는 여러 요소의 복합체이기 때문에 이런 식으로 분석하지 않는 이상 'CS 활동만 열심히 하면 되겠지'라는 막연한 생각에 빠지기 쉽다.

질 높은 컬러 코디네이트의 제공이 만족도를 높이고 또 이후의 소개 의향으로도 이어진다는 사실이 데이터 수치상으로 분명해졌다. 여타 만족도를 높이기 위한 활동을 할 거라면, 우선은 컬러 코디네이트 강화에 주력해야 한다. 그 밖에 만족도와 상관관계가 높은 요소로는 '면적', '영업 담당자의 대응'이라는 의견도 나왔다.

A사는 데이터 결과를 반영하여 컬러 코디네이트 상담 시간을 늘리거나 사원 교육을 충실히 함으로써 만족도를 높여 소개 의향을 높이려는 자세로 변화해갔다.

### 2) 만족도 곡선의 설계

다음은 만족도 곡선의 설계를 들 수 있다.

경영 전략으로서의 영업

콜센터를 이용해 과거 고객에게 시간 순서에 따른 만족도를 조사했다. 기준은 '계약 시', '계약 후 상담 시', '상품 인도 시', '상품 인도 후 반년', '상품 인도 후 1년'이었다.

시간에 따라 고객 만족도가 어떻게 변화되는지를 조사한 결과 계약 이후나 상품을 인도받은 후에 만족도가 떨어지는 경향이 명확하게 드러났다. 따라서 소개 의뢰는 계약하고 얼마 지나지 않아 실시되는 컬러 코디네이트 시간 같은 비교적 앞 단계에서 시작해야 하며, 만족도가 높은 시점에 맞춰 소개 의뢰 시도가 이루어져야 한다는 것을 알 수 있었다. 또 회사가 어떻게 소개 지원을 해야 하는지에 대한 논의도 이루어졌다.

### 3) 커뮤니티 구축

그다음으로 이어지는 것이 커뮤니티를 구축하는 일이다. 지금까지의 내용은 실제 프로젝트가 시작되고 나서 비교적 바로 실행된 것인데 반해 커뮤니티 구축은 1년 후에 실행됐다.

S등급이나 A등급과 같은 우량 고객이라도 인맥에는 한계가 있다. 회사에서 소개 의뢰 어프로치를 한다 해도 점점 안건 발굴이 어려워지는 것이 눈에 보였다. 원래 A사는 신규 고객 모집을 위한 대규모 이벤트를 개최해왔는데, 이번에는 이런 이벤트에 우량 고객층을 적극적

으로 유치하기로 했다.

사실 회사 입장에서는 처음에는 쉽지 않은 어프로치였던 모양이다. 큰 이벤트를 열 때는 신규 고객만 오는 편이 영업하기가 쉽고 과거 고객은 꺼리는 경향도 있는 듯했다. 하지만 이를 극복하고 S등급과 A등급 고객을 우선적으로 초대함으로써 결과적으로는 고객이 친구나 지인을 데려오는 케이스가 증가했다.

회사 측이 준비한 커뮤니티에 우량 고객층이 참가하면서 소개·입소문 안건이 증가하게 된 것이다.


**영업**


### 1) 마인드

애당초 A사 영업 담당자나 사원은 고객 만족도에 어느 정도 자신이 있었기 때문에 소개 활동에 대한 심리적 장벽, 예를 들면 소개 의뢰나 어프로치를 할 때 느끼는 수치심이나 저항감 등이 적었다.

그 대신 '가만히 있어도 소개는 발생한다'는 소극적인 자세가 있었다. 이를 해결하기 위해 적극적으로 어프로치하지 않으면 정기적으로 소개는 발생하지 않는다는 마인드를 강조하기로 했다.

## 2) 타이밍

계약할 때나 계약 직후 등으로 소개 의뢰 어프로치 타이밍을 앞당기는 것은 물론, A사에서는 일찌감치 소개 의뢰를 3번 하기로 정했다. 최초로 계약 직후, 그다음은 컬러 코디네이터 등의 상담으로 만족도가 올라갔을 때, 마직막으로 상품 인도 직후이다.

지금까지 이 책에서는 소개 의뢰 타이밍은 계약할 때와 납품할 때, 그리고 납품 후라고 설명했지만, A사의 경우 납품이 끝난 타이밍에서는 영업 담당자가 고객과 만날 기회가 극단적으로 줄어든다. 그래서 그 타이밍을 앞당겨 계약과 납품과 그 중간 지점, 이렇게 세 시점을 A사의 룰로 정하게 된 것이다.

지금까지 A사에는 소개 어프로치에 대한 정해진 흐름이 없었다. 소개 의뢰를 한 번이라도 하면 다행이었다.

소개·입소문으로 매출을 올리는 데에는 모두 동의하고 결정했지만 특별히 자신들이 무엇을 하면 되는지는 몰랐다. 하지만 이번 프로젝트를 통해 '소개, 파이팅!' 같은 구호만 외치던 자세에서 벗어나 위에서 설명한 것과 같은 데이터 분석에 기초해 움직이는 태도로 완전히 이행하게 되었다.

### 3) 테크닉

#### a) 콘텐츠 지정

A사에서는 영업 기획, 경영 기획을 비롯해 영업 담당자까지 80명 정도가 모여 수차례에 걸쳐 트레이닝을 실시했다. 담당자가 실제 어프로치하는 방법이나 자료 사용법을 전부 숙지하도록 했다. 애당초 소개 의뢰에 대한 저항감이 없었기 때문에 마인드를 각인시키는 데에는 시간이 걸리지 않아 트레이닝 시간에는 스킬과 타이밍에 집중할 수가 있었다. 트레이닝에는 경영진을 중심으로 20명 정도가 참관을 할 때도 있어 최대 100명 정도가 모이기도 했다.

A사에는 소개 의뢰 때 자신 있게 내세울 수 있는 재료가 많았다. 지역 매출 넘버 원에 매출 성장률도 높고 신문·잡지에도 몇 번 소개된 적이 있어서 회사로서는 입소문을 퍼뜨릴 콘텐츠를 지정하는 작업은 비교적 수월했다.


#### b) 소개 의뢰·지정 의뢰

많은 인원이 모여 트레이닝을 하고 각자가 내용을 외우며 회사 전체가 액션을 일으키는 과정을 통해 여러 사실을 알게 됐다.

고객에게 소개의 중요성을 이해시키기 위해서는 적어도 5분 정도는 밀도 높게 설명할 필요가 있다. 가볍게 흘려들을지, 아니면 좀 더 관심 있게 들어볼지를 결정하는 기준이 5분이라는 가설을 바탕으로 영업기획실에서 약 20페이지 정도의 소개 툴을 작성했다. 하지만 길다고 좋은 것은 아니다. 내용을 제대로 전달하기 위해서는 너무 길어도, 너무 짧아도 좋지 않다. 그래서 최종적으로 8페이지로 정리했다. 분량이 너무 적으면 젊은 사원들의 전달력이 떨어지고, 그렇다고 너무 길면 포인트 전달이 잘 이루어지지 않는다는 점도 알게 됐다.

## ⓒ 정보 공유

A사는 점차 성공 사례를 공유하게 됐다. 구체적으로 말하자면, 자료를 어떤 순서로 보여주며 말해야 하는지, 어느 타이밍에 어떻게 시도하는 게 더 쉬운지에 대해 서로의 경험을 나누기 시작했다.

예를 들면 컬러 코디네이트 상담을 할 때는 영업 담당자가 아닌 컬러 코디네이터가 2~3시간에 걸쳐 고객을 만나는데, 영업 담당자가 그 시간이 끝나는 타이밍에 맞춰 찾아가 인사 겸 소개를 의뢰한다거나, 분위기가 무르익는 부엌 컬러를 고르는 타이밍에 대기하고 있다가 소개 의뢰를 시도하는 등의 세심한 테크닉을 공유하게 된 것이다.

## 시스템

### 1) 관리 지표

A사에서는 4가지 지표, 즉 '타깃 건수', '소개 의뢰 건수', '소개로 발생한 상담 건수', '소개 계약 건수'를 완전히 팀별로 취합해 관리하게 되었다.

A사의 경우 각각의 팀에서 소개 의뢰 건수가 적거나, 타깃 건수가 적은 케이스는 그다지 발생하지 않았다.

하지만 회사에 따라서는 의뢰 건수가 적다거나, 또는 상담 후 성사율이 낮은 등의 각각의 사정이 있을 것이다. 어디가 약한지를 알아야 수정할 포인트를 발견할 수 있고, 어디가 강한지를 정확히 파악해야 성공 이유도 분명해지기 때문에 관리 지표를 세우고 관리하는 일은 중요하다.

### 2) 고객용 소개 툴

A사에서는 소위 그림 연극이라는 소개 툴을 사용하고 있었는데 이를 마케팅에도 활용하기로 했다. 예를 들면 계약 고객이 자사 웹사이트에 많이 접속하고 있음을 로그 분석을 통해 알고 있었기 때문에 웹사이트에도 그림 연극과 같은 내용을 게재하기로 했다. 매번 직접

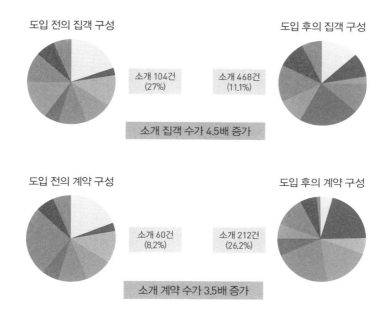

● DATA 8-1 집객·계약에서 차지하는 소개의 비율 ●

도입 전의 집객 구성       도입 후의 집객 구성

소개 104건 (27%)     소개 468건 (11.1%)

소개 집객 수가 4.5배 증가

도입 전의 계약 구성       도입 후의 계약 구성

소개 60건 (8.2%)     소개 212건 (26.2%)

소개 계약 수가 3.5배 증가

만나서 소개 의뢰를 하는 것도 물론 좋지만, 과거 고객이 자사 웹사이트를 보고 있을 가능성도 높기 때문에 소개 어프로치 자료 8페이지를 통째로 웹사이트에 올렸다. 이때 반드시 소개 활동에 대한 대의명분 요소를 포함시켜야 함을 명심하자.

## 성과

소개 전략 도입 전과 후의 데이터를 비교해보면 집객, 계약 모두에서 소개 건수 및 비율이 대폭 증가했다(DATA 8-1). 소개로 계약을 딴 건수는 도입 전에는 60건, 도입 후 현재는 212건으로 3.5배나 증가했다. 매출 기준으로 보면, 소개로 인한 매출이 도입 전에는 약 18억 엔이었던 것이 도입 후에는 약 63억 엔이 되었다.

이처럼 매출이 대폭 증가한 포인트가 무엇인지를 되짚어봤다. 컬러 코디네이트와 같은 소개 의향과 상관관계가 깊은 요소가 전체 흐름의 앞 단계에서 이루어진다는 점을 파악함으로써 언제 소개 의뢰 어프로치를 하면 효과적일지 그 타이밍을 어느 정도 읽을 수 있었던 점이 큰 도움이 됐다.

하지만 가장 큰 포인트는 A사 직원들의 마인드가 바뀐 것이다. 보통은 변화의 대상이 되는 마인드가 '별로 소개 활동을 하고 싶지 않다'인 경우가 많은데, A사의 경우는 '좀 소극적이어도 괜찮겠지'라는 마인드를 '좀 더 적극적으로 공략해보자'는 마인드로 전환시키는 것이었기 때문에 실제적인 저항도 적었고 크게 어렵지도 않았다. 바탕 자체가 좋은 결과로 이어지기 쉬운 상태였다고 해도 과언이 아니다.

또 소개 어프로치를 전사적으로 실시했다는 점도 크게 작용했다.

80명이 같은 액션을 취하고 관리 표에 기초해 개선을 할 때도 1명 개선할 때보다 80배의 속도로 PDCA를 돌리는 것이 가능했는데 이 점이 매우 효과적이었다. 또 입력하는 지표 항목은 80명 전원이 같기 때문에 결과가 좋은 사람을 픽업해 그 원인 행동을 공유하는 것만으로도 수치가 올라가는 효과도 보였다.

A사는 처음부터 소개를 통해 매출을 올리고자 하는 목표가 있었기 때문에 처음부터 마지막까지 변화가 필요한 모든 부분을 바꿀 수 있었다. '여기는 별로 바꾸고 싶지 않아'라는 식의 제한이 들어가면 난관에 부딪히기도 하는데, 인사나 경비 사용법 등을 포함해 어느 정도 자유롭게 이 프로젝트를 중심으로 운용할 수 있었다는 점도 성과 창출에 도움이 됐다고 말할 수 있을 것이다.

## 소개 지원 사례 2:
## B 오피스 기기 판매 회사 (B2B 기업)

두 번째는 B2B 사례이다. 클라이언트는 소규모 법인 등에 오피스 기기를 판매하는 외국계 기업인데 법인 영업 조직이 확대

되면서 매출 증가의 일환으로 소개 영업력을 강화하기로 했다. 방향의 큰 틀이나 CS 설문지 조사 방법과 같은 전략적인 부분은 본사 방침으로 정해진 것이 있었기 때문에 우리는 영업 현장 개선을 위한 영업 및 시스템 강화를 지원하기로 했다.

## 영업

### 1) 마인드

B 오피스 기기 판매 회사의 영업 조직 마인드를 어떻게 변화시킬 것인가에 대해 고민하던 중 소개하는 사람과 소개받는 사람이 얻는 가치가 무엇인가를 사고의 중심에 두고 구성원 전원이 재고하는 방식을 취하기로 했다.

법인의 경우 소개료 설정이 어렵기도 하거니와 그다지 효과적이지도 않다. 법인 경영자나 총무 책임자는 오피스 기구를 구입한 후 B사와의 관계가 돈독해져 자신들에게 질 높은 서비스를 제공해주고 납품 후에 이루어지는 사후 관리의 질이 향상되는 것을 더 바라는 경향이 있었다.

다시 말해, 고객과의 관계를 더 발전시켜 소개를 받을 만한 관계가 되면 소개하는 쪽과의 접점이 자연히 늘어나기 때문에 서비스의 질도 더 높아진다. 또 소개료를 제공하는 것보다는 소개하는 쪽과의 다음 계약 타이밍 때 서비스 면에서 우대해주는 등의 제안을 한다면 소개하는 쪽 입장에서도 이익이기 때문에 영업사원들의 영업 환경도 더 좋아짐을 알게 되었다. 이처럼 소개 가치를 새롭게 정리함으로써 영업 조직의 소개 활동 마인드를 변화시켜 나가는 것은 매우 중요한 일이다.

### 2) 타이밍

소개 의뢰 타이밍은 계약 직후와 기기 설치 시, 이렇게 두 시점을 공략하기로 했다. B사 영업사원은 기기 설치까지만 담당하고 그 이후에는 사내 유지보수 담당이 방문하고 있어 유지보수 서비스 직원이 소개를 의뢰하기에는 무리가 있기 때문이다.

계약할 때는 사장이나 이사장 또는 총무 책임자가 등장하기 때문에 인맥이 넓어질 가능성도 있다. 하지만 유지보수 관리 직원이 방문하면 관련 담당자가 대응할 뿐이어서 의뢰를 해도 그다지 의미가 없다. 이 때문에 어프로치 타이밍을 앞으로 당겨 시도하기로 했다.

### 3) 테크닉

#### a) 콘텐츠

입소문 의뢰 시 필요한 B사를 대표할 만한 콘텐츠로는 원래 외국 본사에서 사후 관리가 유명하다는 점과 NASA에서 사용하는 특수 기술을 활용하고 있다는 점을 꼽을 수 있다.

#### b) 네트워크 파악

네트워크를 파악해 이를 소개 영업에 활용할 때는 평소부터 고객 기업의 사장이나 단체 이사장의 인맥, 소속 단체를 잘 기억했다가 어디를 겨냥할지를 미리 정해두는 것이 효과적이다. 이를 위해 영업 담당자는 고객에게서 나오는 정보를 비롯해 웹사이트나 사내 안내를 통한 정보 등까지도 포함해 네트워크를 파악해야 한다.

B사의 경우 소개 의뢰 타이밍이 계약 직후와 설치 시에 제한되어 있어 횟수가 적다. 따라서 고객 인맥을 꽤 초기 단계에서 파악해둘 필요가 있다. 그렇지 않으면 의뢰를 해도 '찾아볼게요'로 끝날 가능성이 높다. 극단적으로 말하자면 계약이 성사되기 전부터 인맥 파악을 개시해야 한다. 그래서 계약이 성사되면 바로 "이 협회에 들어가 계시죠?", "○○에 계시는 분과 친분이 있으신 것 같아요"라는 식의 접근이 가능하도록 준비해두는 것이 좋다.

B사가 취급하는 사무기기의 구입 결정권은 중소기업은 사장급, 중견기업은 총무 책임자가 쥐고 있다. 사장은 비슷한 규모의 사장들이 모이는 교류회 등에 참가하기 때문에 이러한 네트워크를 공략하는 소개 활동을 전개해야 한다.

c) 소개 의뢰

소개 의뢰는 상담 단계에서부터 이야기를 꺼내는 것이 중요하다. 기본적으로는 2번의 어프로치를 잘 활용하도록 했는데, 상대가 매우 바쁜 경영자나 책임자인 만큼 그 자리에서 소개받는 사람과 연결하는 '중개 의뢰'를 철저히 완수하도록 했다.

## 시스템

### 1) 관리 지표

B사는 외국계 회사의 특성 때문인지 소개 활동을 꼭 제도로 남기고 싶어 했다. 그래서 4~5개의 조금은 많은 항목을 세웠다. 이 지표를 입사 직후부터 기입하도록 하고, 영업직에 새롭게 경력직으로 입사한 사람들은 첫날부터 작성하도록 했다. 하지만 팀별로 큰 차이가 발생하기 때문에 매일 회의를 열어 그 차이를 좁혀갔다.

영업회의 도중 성과 발표를 하는 시간을 마련해 소개의 각 프로세스 지표가 뛰어난 사람이나 팀의 사례를 공유하기도 했다. "우리 팀의 계약 성사율이 높은 것은 이러한 형태로 소개 의뢰를 했기 때문이다" 또는 "신입 멤버지만 발굴을 잘하는 이유는 이렇게 하고 있기 때문에"라는 식으로 포인트를 좁혀 성공 사례를 공유했다. 즉, 전체가 베스트 프랙티스를 공유하는 문화가 점차 형성되는 것이다.

### 2) 사내용 매뉴얼

B사에서는 사내용 매뉴얼 정비도 실시했다. 100페이지 정도의 영업 매뉴얼 마지막 10페이지 내외에 소개 내용을 신규로 추가해 새로 입사한 사람도 이 매뉴얼을 읽으면 일정 수준의 영업을 수행할 수 있도록 만들었다. 이렇게 하면 프로세스 지표와 매뉴얼이 연동되기 때문에 영업에서 좋은 성적이 나오면 경우에 따라서는 매뉴얼을 다시 수정할 수도 있다.

이처럼 활동이 바람직한 방향으로 진화·발전되도록 시책이 시행되면 신입사원도 계속 업데이트되는 매뉴얼, 툴, 관리 표를 보게 되므로 제도로 남기기도 용이해졌다.

**성과**

영업 경력 2년 미만인 젊은 멤버에 의한 연간 영업 매출이 도입 전
보다 1.2배 증가했다. 소개 강화가 공헌한 부분은 당연히 클 것이라
생각된다. 참고로 B사는 영업사원이 200~250명이고, 그중 1/3 정도
가 경력 2년 미만의 젊은 사원으로 이루어져 있다.

옮긴이 **조사연**
도쿄가쿠게대학교 대학원 일본근대문학 전공.
졸업 후 일본 교도통신의 한국어 번역팀에서 근무하였으며, 이후 성균관대학교 어학원에서
한국어를 강의하였고 현재는 다수의 번역 및 집필 활동을 활발히 하고 있다.

감수자
**카츠키 요시츠구**勝月義嗣 주식회사 리브컨설팅 한국지사 GBI사업본부 본부장
**김수현** 주식회사 리브컨설팅 한국지사 BPI사업부 사업부장
**소명섭** 주식회사 리브컨설팅 한국지사 GBI사업본부 사업부장

KI신서 6694

**경영전략**으로서의 **영업**
1판 1쇄 인쇄 | 2016년 8월 17일
1판 1쇄 발행 | 2016년 8월 24일

지은이 세끼 이와오, 이경욱
옮긴이 조사연
펴낸이 김영곤

해외사업본부 간자와 다카히로, 황인화, 이태화
제작팀장 이영민
홍보팀장 이혜연
출판사업본부장 안형태
출판영업팀 이경희, 정병철, 이은혜, 권오권
출판마케팅팀 김홍선, 최성환, 백세희, 조윤정

디자인 제이알컴

펴낸곳 (주)북이십일 21세기북스
출판등록 2000년 5월 6일 제406-2003-061호

ISBN 978-89-509-6641-6 (03320)

**(주)북이십일** 경계를 허무는 콘텐츠 리더

21세기북스 채널에서 도서 정보와 다양한 영상자료, 이벤트를 만나세요!
가수 요조, 김관 기자가 진행하는 팟캐스트 '[북팟21] 이게 뭐라고'
페이스북 facebook.com/21cbooks      블로그 b.book21.com
인스타그램 instagram.com/21cbooks      홈페이지 www.book21.com